Grundwissen Philosophie

Gefühle

von

Eva-Maria Engelen

Philipp Reclam jun. Stuttgart

RECLAM TASCHENBUCH Nr. 20316
Alle Rechte vorbehalten
© 2007 Philipp Reclam jun. GmbH & Co., Stuttgart
Reihengestaltung Grundwissen Philosophie:
Gabriele Burde
Foto auf der Umschlagrückseite: © Suse Walczak
Satz: Steffi Glauche, Leipzig
Druck und Bindung: Reclam, Ditzingen
Printed in Germany
RECLAM ist eine eingetragene Marke
der Philipp Reclam jun. GmbH & Co., Stuttgart
ISBN: 978-3-15-020316-3

www.reclam.de

Inhalt

Was sind Emotionen, Stimmungen, Affekte, Gefühle, Empfindungen?

Antworten aus der Philosophie, der Biologie und der Psychologie

Was ist Verliebtheit, was Liebe? Was Angst, was Welt-schmerz? Wie unterscheiden sich Kältegefühl und Freude? Wie Nostalgie und Entsetzen? Und wie Scham und Schuld, Zorn und Trauer? Handelt es sich in allen Fällen um Emotionen? Um Gefühle oder Empfindungen? Stimmungen oder Affekte? Eine Begriffsklärung muss zunächst helfen, diese Fragen zu beantworten.

Der Begriff des Gefühls kommt erst im 18. Jahrhundert als eine Übersetzung des französischen »sentiment« beziehungs-weise des englischen »sentiment« in die deutsche Sprache. Er tritt damit neben die dort länger verwendeten Begriffe der Emotion und des Affekts. Im Deutschen wird »Gefühl« heut-zutage als ein Oberbegriff verwendet.[1]

Historisch betrachtet sind Emotionen oder Affekte seit Aris-toteles dem so genannten Begehrungsvermögen – also dem, was begehrt oder nicht begehrt wird –, der Lust oder Unlust zugeordnet. Bei Shaftesbury, Hume und Kant kommen dann Gefühle als Reaktionen auf Erlebnisse, aber auch auf Emo-tionen (als Gefühl der Lust oder Unlust) hinzu. Emotionen oder Affekte werden insofern bereits in dieser Tradition als die primäre, unmittelbarere oder ursprünglichere Reaktion auf ein Ereignis oder eine Situation konzipiert. Hier wird be-reits deutlich, dass die etablierten begrifflichen Unterschei-dungen auch systematischen Gesichtspunkten und nicht nur wortgeschichtlichen folgen.

Diese Begriffsgeschichte[2] hat auch in den gegenwärtigen Emotionstheorien Spuren hinterlassen, es lassen sich jedoch diesbezüglich auch einige Verschiebungen feststellen. So gel-ten Emotionen wie Angst, Wut oder Freude heute immer noch als unmittelbare Reaktionen auf Erlebnisse oder Situationen, während Gefühle wie Liebe oder Heimweh nicht mehr als unmittelbare Reaktionen auf bestimmte Erlebnisse oder Situationen verstanden werden, sondern als lang anhaltende Zustände, die nicht die ganze Zeit über von einem Erregungspotenzial begleitet sind, sondern nur gelegentlich durch ein solches ins Bewusstsein gelangen.

In der Psychologie und der Philosophie wird zudem eine ganze Reihe weiterer Kriterien für Emotionen (emotions) genannt:

- Emotionen weisen eine Bewertungskomponente für Situationen oder Stimuli auf.
- Sie umfassen eine Erregungskomponente, messbar etwa an Schweißabsonderung, Erhöhung der Herztonfrequenz oder an der Zunahme der Aktivierungsintensität bestimmter Bereiche des Gehirns, die für die Verarbeitung emotionaler Zustände oder Prozesse bekannt sind.
- Zudem gehen sie mit einem motorischen Ausdruck einher, zum Beispiel einem Lächeln oder einer bestimmten Körperhaltung.
- Sie sind von kurzer Dauer.
- Sie treten bei einem signifikanten Wechsel der Lebenssituation auf.
- Darüber hinaus enthalten Emotionen eine motivationale Komponente: Die Freude über den gelungenen Kuchen veranlasst mich zum Beispiel, noch einen für meine Kollegen zu backen, oder die Angst vor Nachbars Hund veranlasst mich, mich nach dem Maulkorbzwang zu erkundigen.

Diese vor allem in der psychologischen Theoriebildung relevanten Kriterien werden in der Philosophie durch die folgenden ergänzt:

- Emotionen haben ein spezifisches intentionales Objekt, das heißt, sie sind auf etwas oder jemanden gerichtet: Ich freue mich über den gelungenen Kuchen oder den Anruf eines Freundes; meine Angst richtet sich auf die zu erwartende Stromrechnung oder den bissigen Hund des Nachbarn.

- Sie haben eine erkennbare Ursache: etwa die Nachricht, dass die Strompreise wieder erhöht wurden, oder, dass Nachbars Hund eine Passantin gebissen hat.
- Sie sind nicht das Resultat intellektueller Anstrengungen, können jedoch rational oder vernünftig beziehungsweise irrational oder unvernünftig sein. Letzteres lässt sich am besten anhand eines Beispiels erklären: Empfindet jemand Angst, weil ein Hund wütend kläffend auf ihn zurast, und will er fliehen, ist diese emotionale Reaktion insofern vernünftig zu nennen, als der Hund ihn verletzen könnte. Weiß er hingegen, dass der Hund zu alt für einen ernst zu nehmenden Angriff ist, wäre die Angst unvernünftig oder nicht angemessen.

Oft werden Emotionen sowohl in der Psychologie als auch in der Biologie als anthropologische, universal auftretende Phänomene betrachtet, die keiner historischen oder kulturellen Variabilität unterliegen. Sie sind nach dieser Sicht angeboren und laufen nach sogenannten Affektprogrammen automatisch ab. Angst, Zorn, Wut, Trauer und Freude wären nach dieser Begriffsbestimmung also Emotionen (emotions). Affektprogramme sind demnach angeborene Mechanismen, die durch einen für sie spezifischen Reiz ausgelöst werden. Wir sehen eine Schlange, empfinden Angst und laufen weg.

Für Gefühle (sentiments) wie Liebe, Vertrauen, Nostalgie, Weltschmerz oder Heimweh gilt hingegen:
- Sie werden als latente Dispositionen (sogenannte Hintergrundgefühle) konzipiert.
- Ihnen fehlt eine (direkt messbare) Erregungskomponente des Körpers.
- Zudem handelt es sich um lang anhaltende Phänomene.
- Sie stehen in keinem unmittelbaren Reaktionszusammenhang zu einem Erlebnis oder einer Situation.
- Gefühle wie Weltschmerz oder Vertrauen müssen nicht intentional auf ein Objekt oder eine Situation gerichtet sein, andere Gefühle sind aber durchaus intentional gerichtet.

- Sie sind darüber hinaus nicht richtig oder falsch, vernünftig oder unvernünftig zu nennen. Man kann in diesem Sinne zumeist nicht über ihre Angemessenheit diskutieren.

Wichtig ist, dass im Unterschied zu Emotionen sowohl eine affektive Komponente als auch der Dispositions- oder Hintergrundcharakter wesentliche Kriterien für das Vorhandensein von Gefühlen sind und es sich zudem um eine lang anhaltende Gefühlshaltung handelt, die schließlich an der Charakterbildung einer Person teilhaben kann. Die Frage, inwiefern Gefühle sowohl einen Hintergrund- oder Dispositionscharakter haben können also auch ein somatisches Element aufweisen, das gerade nicht nur eine Anlage zu etwas darstellt, sondern die Aktualisierung einer angelegten Fähigkeit (etwa der Fähigkeit, Angst zu empfinden), wird in diesem Kapitel weiter unten diskutiert werden. Ein Vorschlag besteht darin, die somatischen Momente bei lang anhaltenden Gefühlen als Störungen des emotionalen Gleichgewichts (der Homöostase) zu verstehen. Demnach ist zunächst von einem emotionalen Gleichgewicht auszugehen; durch Störungen dieses Gleichgewichts treten dann Emotionen auf. Ein Beispiel wäre eine über Jahre anhaltende Trauer über ein verstorbenes Kind, die in manchen Situationen immer wieder von unmittelbarer, überwältigender Trauer begleitet wird.

Von Emotionen und Gefühlen sind Empfindungen (feelings) zu unterscheiden. Empfindungen wie Schmerzen, Jucken, Pochen, Wärme- und Kältegefühl lassen sich körperlich genauer verorten. Die Person, die sie wahrnimmt, kann häufig eine Körperstelle für sie angeben. Aufgrund dieser Bestimmung lässt sich auch zwischen Schmerzen unterscheiden, die mit Gefühlen einhergehen, und solchen, die Empfindungen sind. Die Verletzung am Bein löst Schmerz als Empfindung aus, der Weltschmerz ist ein reines Gefühl, und die Trauer über den Tod eines geliebten Menschen kann sowohl Momente der Empfindung als auch des Gefühls enthalten.

Daneben gibt es Empfindungen wie Müdigkeit. Für sie gibt es zum einen keinen angebbaren Ort am Körper, weil diese

Empfindung den gesamten Körper umfasst. Zum anderen fehlt diesen Empfindungen der Einschätzungs- oder Bewertungscharakter, der Gefühle und Emotionen ausmacht. Empfindungen dieser Art haben lediglich eine Signalfunktion.

Stimmungen (moods) fallen gleichfalls in den Bereich der affektiven Phänomene, die häufig mit Gefühlen und Emotionen assoziiert werden. Auch für sie lassen sich einige charakteristische Kriterien benennen. So können sie einen Anlass beziehungsweise eine Ursache haben. Zudem sind sie merklich weniger intensiv als Emotionen, dauern aber länger als diese und sind zugleich von kürzerer zeitlicher Dauer als Gefühle. Sie sind nicht auf etwas oder jemanden intentional gerichtet.

Über solche Begriffsklärung, die sich erst langsam zu vereinheitlichen beginnt, hinaus, gilt es noch viele Fragen zu beantworten. Eine wäre etwa, in welcher Beziehung angeborene Emotionen und komplexe, kulturell geformte Gefühle stehen. Eine andere wäre, inwiefern auch angeborene Emotionen kulturell geformt sind. Daneben werden weiterführende Fragen wie die gestellt, welche Rolle die Einschätzung oder Bewertung einer Situation oder eines Gegenstandes für affektive Phänomene spielt und welche Etappen im emotionalen Prozess bewusst sind und welche nicht.

Diese Problemzusammenhänge sollen zunächst in einem ersten Anlauf diskutiert werden, ehe einige emotionstheoretische Ansätze aus Philosophie, Biologie und Psychologie vorgestellt werden, die auf diese Fragen gleichfalls Antworten zu geben versuchen. Denn mit der begrifflichen Klärung sind noch keinerlei Angaben dazu gemacht, wie die Aspekte Wahrnehmung, Urteil oder Bewertung, phänomenale Empfindung und die semantische Bedeutung von Emotionsbegriffen zusammenwirken. Sämtliche Theorien dazu können im Folgenden nicht vorgestellt werden, aber es sollen wenigstens einige maßgebliche in ihren Umrissen erläutert werden.

Befassen wir uns zunächst kurz mit den angeborenen, automatisierten physiologischen Emotionsprozessen, die im

Zentrum des *biologisch* bestimmten Forschungsinteresses stehen.

Emotionen sind in diesen Theorien kurzzeitige stereotype Antworten auf eine Situation, die mit bestimmten Gesichtsausdrücken, Körperhaltungen und Handlungsmustern einhergehen. Sie kommen in allen Kulturen gleichermaßen vor sowie bei einigen dem Menschen verwandten Arten. Zu ihren Merkmalen gehört auch, dass sie bei Säuglingen schon sehr früh auftreten und selbst bei dementen Menschen noch häufig vorhanden sind – weil der Anteil an kognitiven Vermögen im Vergleich zu anderen affektiven Phänomenen bei Emotionen geringer ist. Ausgelöst werden diese angeborenen emotionalen Prozesse durch einen Reiz, der einen angeborenen Einschätzungs- oder Bewertungsprozess (appraisal) auslöst.

So reagiert ein Säugling etwa auf einen lauten Knall mit Schreien, mit erhöhter Herzschlagfrequenz und anderen Symptomen, die wir mit Angstreaktionen in Verbindung bringen. Genau so verhält es sich auch mit dementen Personen. Neben solchen Angstreaktionen gibt es aber auch affektive Phänomene wie etwa die Prüfungsangst, von der niemand behaupten würde, dass sie angeboren ist. Sie geht eindeutig mit kognitiven Prozessen einher.

Was unterscheidet diese beiden Angsttypen, die akute Angstreaktion und die Prüfungsangst, im Einzelnen? Nun, die bereits genannten Kriterien: Ein Säugling und ein Dementer verfügen noch nicht oder nicht mehr über die kognitiven Fähigkeiten, die für die Emotion der Prüfungsangst erforderlich sind. Denn weder ist ihnen das Konzept der Prüfung oder der Prüfungssituation vertraut, noch haben sie einen Begriff von Versagen oder von der sozialen Norm, nach welcher man bei Prüfungen erfolgreich sein muss. Der zur Prüfungsangst gehörige Einschätzungsprozess ist auch nicht angeboren, er bezieht sich auf ein kulturelles Konzept. Hinzu kommt, dass der Mensch einen Begriff von sich selbst haben muss, um Prüfungsangst zu empfinden. Denn er muss sich bewusst machen können, was die sozialen Erwartungen sind, also hier, dass man in Prüfungen erfolgreich abschneiden sollte. Und er muss das potenzielle Versagen, diesem (normativen) Anspruch nicht gerecht zu werden, auf sich selbst beziehen.

Prüfungsangst lässt sich auch nicht durch Konditionierung hervorrufen. Es funktioniert nicht, der Person, die diese Begriffe und Regeln nicht verstanden hat, nichts zu essen zu geben, damit sie versteht, dass man in Prüfungen erfolgreich sein sollte, und dann eventuell eine Angst entwickelt, diesen Maßgaben nicht gerecht zu werden. Sie muss die Erwartungshaltung verstehen und auf sich selbst beziehen. Eine reine Konditionierung durch Bestrafung reicht nur aus, um eine Angstreaktion hervorzurufen, aber nicht, um Prüfungsangst auszulösen.

Das bedeutet aber gerade, dass das Phänomen Prüfungsangst höhere kognitive Fähigkeiten voraussetzt und es sich zudem um ein sogenanntes semantisiertes Phänomen handelt. Das heißt, dass das Moment der Empfindung nicht unabhängig von den Begriffen ist, die in einer Gesellschaft in affektiv konnotierten Situationen verwendet werden. So gibt es beispielsweise nicht in allen Gesellschaften das Konzept der Prüfung. Und dass es dieses gibt, bedeutet nicht, dass es lediglich eine Vokabel mehr in einer Sprache gibt. Vielmehr gibt es andere oder weitere Verhaltensweisen, Erwartungen, Wünsche, Sorgen und Überzeugungen als in Gesellschaften, die nicht über dieses Konzept verfügen.

An diesem Beispiel lässt sich auch leicht zeigen, dass etliche Gefühle oder komplexe emotionale Phänomene durchaus auf angeborenen, basalen Reaktionen beruhen. Im angeführten Beispiel der Prüfungsangst wäre es etwa die basale Reaktion der Angst, die in dem komplexeren Phänomen der Prüfungsangst enthalten ist.

Aber auch sogenannte basale Emotionen unterliegen beim Menschen einer kulturellen Formung; ein Konzept wie »Angst« ist nicht unabhängig von seinem Erwerb. So können wir zwar annehmen, dass auch menschliche Säuglinge mit einem Affektprogramm »Angst« geboren werden, dass es also einen schematischen, stereotypen Auslösemechanismus und einen schematischen, stereotypen Einschätzungsmechanismus gibt. Das bedeutet aber nicht, dass sie mit dem Konzept oder Begriff der Angst geboren werden, wie wir ihn verwenden. Denn dieser kann, wie erwähnt, durchaus unterschiedlich verwendet werden.

Ein Beispiel soll helfen, diese Zusammenhänge zu verstehen. Beginnt ein Säugling bei einem lauten Knall zu schreien, werden die Eltern versuchen ihn zu trösten. Sie nehmen ihn in den Arm, drücken ihn an sich und sagen Sätze wie: »Du musst doch keine Angst haben, das war nur ein lauter Knall eines Auspuffs.« Mit solchen Handlungen und Aussagen wird der Begriff der Angst zusammen mit einer bestimmten Reaktion des Körpers auf eine Situationsveränderung langsam erlernt. Der Begriff wird so mit einer bestimmten Empfindung auf eine Weise verbunden, die dazu führt, dass Empfindung und Begriff schließlich untrennbar sind.

Denn dem heranwachsenden Kind wird gesagt, wovor es Angst haben soll oder muss und wovor nicht; wann es ihm zugestanden wird, Angst zu haben, und wann nicht. Das Kind wird den Blick der Bezugsperson suchen, um herauszufinden, ob das Tier, das sich vor seinen Augen bewegt, gefährlich ist oder nicht. Dabei wird es lernen, dass die Bezugsperson auf einige Tiere wie Eichhörnchen oder Spatzen erfreut reagiert und auf andere wie Hunde oder Stiere oder Skorpione ängstlich. All dies gehört zum Erlernen eines Konzepts der Angst dazu. Somit wird aber nicht lediglich ein Wort erlernt. Vielmehr wird die primäre Angstemotion des Säuglings, die nichts weiter ist als ein Begleitsignal zu einer Situation, in der der Organismus automatisch auf einen Auslösereiz reagiert, sprachlich und sozial geformt.

Sprache und zwischenmenschlicher Umgang prägen also diese basale oder primäre Emotion – sie sind für die Emotion somit gestaltbildend.[3] An diesem Beispiel wird zudem bereits

14

deutlich, dass ein emotionales Konzept nicht isoliert von anderen emotionalen Begriffen erlernt wird. Denn einmal reagieren die Eltern auf Tiere mit Freude, ein anderes Mal mit Ängstlichkeit. Die Emotionen verweisen aufeinander oder schließen einander aus.

Obgleich angeborene Mechanismen des Körpers in dieser Weise mit einem Begriff untrennbar verbunden und geformt werden, ist es dennoch möglich, emotionale Reaktionen (beispielsweise Angstreaktionen) bei Menschen aus anderen Kulturen, bei denen sie begrifflich anders geformt (semantisiert) wurden, wiederzuerkennen. Sie verlieren durch die Formung weder ihre basale Wirkung und Aussagekraft noch ihre universale Funktion als Kommunikatoren über die kulturellen Grenzen hinweg. Wie funktioniert das?

Über den Begriffserwerb hinaus ist die Angstreaktion mit einem bestimmten Gesichtsausdruck, einer bestimmten Körperhaltung oder Stimmfärbung (Prosodie) verbunden. Das ermöglicht in erster Linie eine schnelle, nicht sprachliche Verständigung. Wenn wir jemanden mit angstvollem Gesicht sehen, wissen wir sofort, dass etwas geschehen ist, und sehen uns nach möglichen Ursachen für die Angstreaktion um. Der andere muss uns gar nicht mit Worten mitteilen können, dass etwas passiert ist. Auf *dieser* basalen Ebene funktioniert die Kommunikation demnach auch auf eine nicht sprachliche Weise. In früheren Etappen der Evolution war das sicherlich ein Überlebensvorteil. Denn ein Lebewesen konnte seine Einschätzung einer Situation auf diese Weise an andere weitergeben, ohne dass sich die anderen gleichfalls der Angst auslösenden Situation aussetzen mussten. Sie konnten also Gefahr mittels des Angst- oder Fluchtverhaltens eines anderen erkennen, ohne direkt mit der Gefahrensituation in Berührung zu kommen.

Diese Feststellungen sprechen jedoch nicht gegen diejenige, dass auch angeborene emotionale Reaktionen von frühen Tagen an geformt werden. Denn unser emotionales Erleben ist keinesfalls auf die universalen Reaktionen und Mitteilungsfunktionen beschränkt, es wird, wie geschildert, begrifflich geformt. Daher bedeutet der Umstand, dass das emotionale Ausdrucksverhalten ähnlich oder vergleichbar ist, nicht, dass auch das phänomenale emotionale Erleben gleich ist.

Universale Funktionen, wie sie sich bei Emotionen ausmachen lassen, die angeborene Mechanismen sind, sind bei Gefühlen, die oben als Hintergrunddispositionen bezeichnet wurden, so nicht feststellbar. Da diese affektiven Phänomene nicht auf angeborenen Reaktionsmechanismen aufruhen, sind sie auch nicht in dieser Weise universal nachweisbar. Zwar gibt es auch in diesem Bereich Erscheinungsformen, die in vielen Kulturen vergleichbar sind. Zu nennen wären hier etwa Heimweh, Sorge oder eine schon lang empfundene Liebe. Die Ausdrucksformen, die solche Phänomene zeigen, sind jedoch so unterschiedlich, dass sie in erster Linie über einen sprachlichen Zugang zu verstehen sind.

Dessen ungeachtet werden diese Hintergrundemotionen häufig von basalen Emotionen begleitet. So kann ein anhaltendes Heimweh immer wieder in akuten Momenten der Trauer oder Angst gipfeln, die eine basale Emotion ist und auf einem angeborenen Mechanismus beruht. Auch die tiefe Bindung, die sich im Verlauf einer harmonischen Ehe bildet, wird in den verschiedenen Kulturen durchaus unterschiedlich beschrieben und bewertet.[4]

Ein somatisches Moment lang anhaltender Gefühle wird zumeist erst offenbar, wenn das emotionale Gleichgewicht (Level der Homöostase) durch die Änderung des Niveaus gestört wird. So im Falle der lange währenden Liebe, bei welcher der Verlust des Partners zu einer tiefen Trauer oder Depression führen kann. In solchen Fällen wird die Liebe angesichts der großen Trauer auch wieder körperlich intensiv gespürt, wenn auch auf eine ganz andere Art und Weise als bei den Schmetterlingen im Bauch im Falle der Verliebtheit.[5] (Wie eine dauernde Veränderung des homöostatischen Niveaus bestimmt werden kann und ob sie in einem ursächlichen oder begleitenden Verhältnis zu Emotionen steht, wäre eine empirisch zu klärende Frage.)

Sprache steht auch im Zentrum der *philosophischen Überlegungen* zu Gefühlen und Emotionen. In den philosophischen Ansätzen werden Emotionen oder Gefühle häufig als Urteile, Wertungen, Überzeugungen und Wünsche rekonstruiert. Emotionen sind dann etwa Urteile über Situationen, die für unser Wohlbefinden als relevant eingeschätzt werden.[6] So bezeichnet etwa Robert C. Salomon ein Gefühl oder eine Emotion in paradigmatischer Weise als »ein evaluatives (oder normatives) Urteil, ein Urteil über meine Situation und über mich und/oder andere Leute«[7]. Für ihn sind Urteile damit abhängig von den Meinungen und Überzeugungen einer Person, kurz von ihren Gedanken. Beim Menschen wäre das Gefühl der Angst daher mit der Überzeugung verbunden, dass das Feuer gefährlich ist, außer Kontrolle geraten kann und daher lebensbedrohlich ist oder werden könnte. Urteile dieser Art werden von anderen Lebewesen oder Säuglingen, die über keine Begriffe verfügen, nicht gefällt. Denn Urteile, Überzeugungen und Meinungen sind an Sprache gebunden. Und da Emotionen für Salomon mit Urteilen einhergehen, sind auch Emotionen an Sprache gebunden.

Oder aber Emotionen und Gefühle werden als Wünsche rekonstruiert. Angst vor einem Hund wäre dann beispielsweise der Wunsch, nicht gebissen oder angegriffen zu werden.[8]

Damit Philosophen wie Robert Salomon oder auch Martha Nussbaum (nicht affektive) Urteile von Gefühlen oder Emotionen unterscheiden können, müssen sie ein zusätzliches Element einführen, das genau dies erlaubt. Salomon hat zunächst diejenigen Urteile Gefühle oder Emotionen genannt, die für uns als Personen besonders wichtig sind oder intensiv wahrgenommen werden. Wenn er damit jedoch eine Gefühlsintensität meint, bleibt die Frage, wie diese sich äußert, da sie dem bloßen Urteil nicht anzusehen ist, sondern nur im Urteilsrahmen einer Person ihren Platz hat. Diesen Urteilsrahmen hat Salomon schließlich ergänzend mit Wünschen näher bestimmt, was ihn jedoch dazu verpflichtet zu sagen, was Wünsche sind und welche Rolle sie für unser emotionales Empfinden und für unser Gefühlsleben einnehmen. Letztlich vermag sich die Intensität eines Urteils oder Wunsches allerdings nur als phänomenale Qualität beschreiben, sodass man nicht darum herumkommt, eine affektive Komponente anzunehmen.

In ähnliche Schwierigkeiten gerät Martha Nussbaum mit ihrer Theorie. Für sie sind Emotionen Einschätzungen (appraisals) oder Werturteile über Dinge und Personen, die außerhalb der Kontrolle derjenigen Person sind, für deren Gedeihen sie eine große Bedeutung haben: »emotions are appraisals or value judgments, which ascribe to things and persons outside the person's own control great importance for that person's own flourishing.« (Emotionen sind Einschätzungen oder Werturteile, die Dingen und Personen eine große Bedeutung für das Gedeihen einer Person zuschreiben, die außerhalb der Kontrolle dieser Person sind.)[9]

In dieser Definition sind drei Aspekte bestimmend: erstens, dass es sich um Urteile handelt, zweitens, dass diese Urteile mit einer Einschätzung oder Bewertung verbunden sind, und drittens, dass der Ausgangspunkt von dem Gedeihen der fühlenden Person bestimmt ist.

Ein Urteil gibt an, wie oder was etwas ist: Die Lampe ist golden, der Himmel ist bedeckt, der Rock ist elegant, der Bär ist gefährlich. Das Urteil repräsentiert also mittels der Sprache Sachverhalte in der Welt. Wenn Philosophen darauf abstellen, dass Emotionen oder Gefühle Urteile seien, wird damit hervorgehoben, dass auch Emotionen Teile der Welt repräsentieren und gleichfalls einen Informationsgehalt haben. Diesen Aspekt betonen vor allem gegenwärtige Emotionstheorien, aber auch René Descartes hat schon auf ihn hingewiesen.

Evaluativ (das heißt einschätzend oder bewertend) werden Emotionen und Gefühle dann genannt, weil das durch sie Repräsentierte durch sie auch bewertet wird. Etwas, vor dem man Angst hat, wird für gefährlich angesehen, Vorgänge, die Freude aufkommen lassen, werden positiv eingeschätzt, Handlungen, die uns in Zorn versetzen, negativ. Die in Emotionen und Gefühlen enthaltene Bewertung der Gegebenheiten oder Situationen bezieht sich zumeist auf das Subjekt beziehungsweise die Person, die die Emotion empfindet. Es kann sich, anders als es Salomon und Nussbaum annehmen, aber auch um intrinsische Urteile handeln, die nicht an Sprache gebunden sind und keine Absichten oder Meinungen voraussetzen. Denn wenn ein Tier vor einem Feuer flieht, lässt sich das gleichfalls als Einschätzung der Gefahrensituation deuten. Und selbst beim Menschen lassen sich intrinsische Einschätzungen feststellen. So etwa, wenn Versuchspersonen in Millisekunden Bilder von Schlangen und brüllenden Löwen gezeigt werden, die sie in dieser Geschwindigkeit nicht bewusst erkennen können, unbewusst aber wohl doch wahrnehmen. Denn es lassen sich mittels Hautleitmessungen und anderen Messungen Körperreaktionen nachweisen, die sich nicht einstellen, wenn erfreuliche oder emotional neutrale Bilder gezeigt werden. Die Einschätzung, die auf das unbewusst emotional negativ wahrgenommene Bild erfolgt, geht also nicht mit einer bewussten Einschätzung oder einem bewusst getroffenen Urteil einher.

Bestimmungen von Emotionen und Gefühlen als (kognitive) Urteile (oder Wünsche) sind bereits von vielen Seiten kritisiert worden; nicht zuletzt von Philosophen selbst. So vermisst Simon Blackburn das emotionale Moment bei einer solchen Definition, das sich im Verhalten und im Ausdruck von Menschen zeigt, die nicht lediglich ein Urteil fällen, sondern mehr oder weniger offensichtlich emotional beteiligt sind.[10] Auch hier mag ein Beispiel helfen, diesen Einwand zu verstehen.

Ein Kind, das seiner Mutter am Abend berichtet, dass es einen tollen Tag gehabt habe, weil es einen Elfmeter verwandelt hat, wird dabei kein unbeteiligtes Gesicht machen. Vielmehr wird es, wenn es davon berichtet, strahlen. Augen, Mund und das ganze Gesicht werden lachen, die Schultern werden gestreckt sein, es wird erzählen, dass der Trainer und die Mitschüler es gelobt haben, stolz waren und ihm auf die Schulter geklopft haben. Die Tränen des gegnerischen Torwarts werden auch nicht unerwähnt bleiben.

Das Kind wird also nicht lediglich bemerken, dass es heute einen für es selbst bedeutsamen Tag gehabt hat, weil es besondere soziale Anerkennung erfahren durfte. In einem solchen Urteil erschöpft sich die emotionale Erfahrung nicht. Denn allein die emotionale Erfahrung wird dem Kind Selbstvertrauen geben, wird es motivieren, weiter zu trainieren, sich anzustrengen, mit Frustrationserlebnissen fertig zu werden und sich mit den anderen verbunden zu fühlen. Das gefällte, aber nicht gefühlte Urteil »Heute war ich gut« wird diese Wirkungen nicht haben.

An diesem Beispiel lässt sich auch noch in anderer Hinsicht verdeutlichen, dass Urteil und Emotion nicht zusammenfallen. So kann das Urteil »Das war ein toller Schuss« sowohl die Freude über den verwandelten Elfmeter seitens des Trainers des Schützen ausdrücken als auch die Frustration, den Ärger oder die Wut des Trainers der gegnerischen Mannschaft. »Der Ton macht die Musik«; das heißt im vorliegenden Fall, dass die Prosodie, also der Klang der Stimme, und der Gesichtsausdruck desjenigen, der den Satz äußert, sowie die Kenntnis des Spiels und seiner Regeln maßgeblich sind, um zu wissen, welche Emotion mit diesem Urteil einhergeht.

Die Freude des Kindes über sein Tor wird auch nicht sofort verschwinden, wenn dem Kind bewusst ist, dass es mit seinem Erfolg seinen Freund verprellt, der daneben geschossen hat. Insofern ist die Emotion stärker als die Überlegung, dass die Freundschaft für es selbst auf Dauer wichtiger sein könnte als das momentane Gelingen (und das ist nicht nur bei Kindern so). Emotionen sind also zwar grundsätzlich rational oder vernünftig, weil sie sich von Überlegungen beeinflussen lassen, behalten aber dennoch häufig eine emotionale Widerständigkeit. Auch daran zeigt sich, dass das Moment der Einschätzung, das mit einem emotionalen Prozess einhergeht, kein rein kognitiver Vorgang ist, sondern oft ein unmittelbarer, intuitiver Prozess, der erst durch die Gefühlsempfindung bewusst wird.

Der kognitive Ansatz in der philosophischen Emotionstheorie, der den Urteilscharakter von Emotionen in den Vordergrund stellt, berücksichtigt mithin die physiologischen Vorgänge und Empfindungen nicht oder nicht ausreichend. Ausgeblendet wird darüber hinaus oft auch das soziale und kulturelle Moment von Emotionen. Kognitive Theorieansätze, die auf den Urteilscharakter von Emotionen abheben, müssen das Urteil nämlich auf ein Selbst und sein Gedeihen beziehen. Das relevante und naheliegende Gegenbeispiel für die Annahme, eine Emotion oder ein Gefühl zeige in erster Linie eine besondere Bedeutung für das Selbst und sein Gedeihen an, ist Mitleid mit Personen, die man nicht näher kennt, wahrscheinlich nie kennenlernen wird und die daher im eigenen Leben keine weitere Rolle einnehmen werden. So hat jemand etwa Mitleid mit einem Kind, das er im Supermarkt mit seiner drogenabhängigen Mutter oder seinem alkoholisierten Vater sieht, weil er weiß, dass es in Verhaltensweisen hineinwächst, die seiner physischen, psychischen und intellektuellen Entwicklung kaum Raum zur Entfaltung geben werden, und dass sich die erlernten Verhaltensweisen in späteren Jahren nicht so ohne weiteres ablegen oder durch andere ersetzen lassen.

Als zweckrationale Erklärung für emotionale Reaktionen dieser Art werden zumeist soziobiologische Erläuterungen angeführt: Das Mitfühlen könnte den Beobachter zu Handlungen zugunsten dieses Kindes bewegen, was das Kind zu einem verlässlichen Mitglied der Gruppe werden lassen könnte, was letztlich für den Beobachter nützlich sein könnte etc. Diese Mechanismen sollen sich in Hunderttausenden von Jahren herausgebildet haben, weil sie dem Fortbestand der Gruppe und damit dem Überleben der Einzelnen dienten. Das

Gedeihen des Beobachters könnte mithin doch noch in einen Bezug zu dem Wohlergehen des Kindes und damit insgesamt zu seiner emotionalen Reaktion gesetzt werden.

Die Bedeutung des Geschehens für den Beobachter selbst wird dadurch allerdings in eine zeitliche und räumliche Distanz gerückt, mit der die unmittelbare emotionale Reaktion keinerlei Verbindung mehr hat. Die soziobiologische Erklärung versucht eine solche Verbindung nachträglich herzustellen, muss dafür aber auf Zweck-Mittel-Relationen zurückgreifen, die als unmittelbarer Auslöser nicht gegenwärtig sind und dem affektiv involvierten Subjekt auch nicht bewusst sind.

Es kommt ein für solche Theorien unerklärliches Moment hinzu: Das Mitleid gilt vor allem dem Kind als Kind und nicht dem Beobachter als Teil einer Gesellschaft, in der das Kind eines Tages vielleicht einmal nützlich sein wird. Die Nützlichkeitserwägungen sind daher nachgeschobene rationale Erklärungen, deren Zusammenhang mit dem momentanen Gefühl und der momentanen Bedeutung für das Selbst nicht unmittelbar ist.

Weil solche Theorien einerseits den Urteilscharakter von Emotionen wie auch die Bedeutung für das Selbst in kognitivistischen Emotionstheorien in das Zentrum der Definition von Emotionen stellen und andererseits das somatische, physiologische Moment affektiver Phänomene nicht ausreichend berücksichtigen, können sie emotionale, physiologisch nachweisbare Phänomene bei Säuglingen oder Tieren nicht erklären, die weder zur Urteilsfindung noch zur Zuschreibung eines Selbst in der Lage sind.

Einiges von dieser Kritik gilt auch für Ansätze, die Emotionen oder Gefühle als Wünsche auffassen. Aber auch in diesem Fall trifft der Einwand, dass Säuglinge und Primaten dann keine Emotionen hätten, weil sie sicher (noch) keine Wünsche haben. Wünsche zu haben setzt nämlich Überzeugungen oder Meinungen voraus, die man mit Worten ausdrücken und nicht nur durch Schreien andeuten kann wie ein Säugling.

Der Wunsch ist nicht mit einem Gefühl oder einer Empfindung gleichzusetzen, wenngleich Wünsche wie »Ich will nicht, dass der Elfmeterschütze trifft« hasserfüllt, zornerfüllt, rachsüchtig, eifersüchtig, schadenfroh, überheblich oder gar hoffnungsvoll sein können.

Für theoretische Ansätze dieser Art stellt sich zudem das Problem, dass sie die physiologischen und somatischen emotionalen Vorgänge nicht in ihre Bestimmung und Erklärung dessen, was eine Emotion oder ein Gefühl ist, mit einbeziehen. Denn ob ich schadenfroh oder hasserfüllt bin, zeigt sich nicht nur in der Narration, das heißt in der ausführlichen Schilderung der Situation und der Vorgeschichte meines Wunsches. Dies zeigt sich vielmehr auch im Gesichtsausdruck des Empfindenden und an weiteren körperlichen Veränderungen wie Blutdruck oder Gehirnaktivität. Es äußert sich mit anderen Worten ebenso physiologisch.

Hinzu kommt, dass es sich in einer bestimmten Weise anfühlt, zornig, wütend, erfreut, schamhaft, verliebt usw. zu sein. Dieses Gefühlsmoment lässt sich auf keine rein kognitiven oder voluntativen Elemente zurückführen, weshalb es in kognitiven Theorieansätzen unerklärt bleibt. Unerklärt bleibt das phänomenologische Moment des »Sich-Anfühlens« übrigens auch in rein physiologischen Theorieansätzen für Emotionen. Denn wenn ich den Gehirnzustand, das Hormonniveau, die Schweißabsonderungen und den Pulsschlag eines Verliebten kenne, weiß ich nicht, was er fühlt. Nur wenn ich dieses Gefühl selbst schon einmal erlebt habe und es auf die messbaren körperlichen Phänomene, die ich mit Verliebtheit in Verbindung bringe, beziehe, meine ich zu wissen, was er fühlt.

Dass das »Sich-Anfühlen« eine zentrale Bedeutung für Emotionen und Gefühle hat, bestreitet Martha Nussbaum mit dem Hinweis auf unbewusste Gefühle wie nicht eingestandene Angst oder Liebe.[11] Da diese unbewusst oder unterbewusst bleiben, fühlt es sich auch nicht in einer besonderen Art an, sie zu haben. Weil das Empfindungsmoment bei unbewussten Emotionen und Gefühlen keine Bedeutung hat, so Nussbaum, kann es auch kein entscheidendes Moment bei bewusst wahrgenommenen Emotionen und Gefühlen sein.

Dagegen ist zunächst einzuwenden, dass es keine unbewussten Emotionen geben kann, sondern nur unbewusste Einschätzungen. Diejenigen Phänomene, die oben als Emotionen bestimmt wurden, können insofern nicht unbewusst sein, als sie mit einem Empfindungsmoment einhergehen, das, um ein solches sein zu können, bewusst sein muss. Es gehört zur Definition von Empfinden dazu, dass es bewusst ist. Dennoch muss man zugeben, dass es unbewusste Gefühle und Einschätzungen gibt.

Dass Gefühle auch unbewusst sein können, war indirekt bereits zugestanden, als Gefühle als Hintergrunddispositionen bestimmt wurden. Dispositionen, also Fähigkeiten und Anlagen zu emotionalen oder affektiven Reaktionen, sind zwar vorhanden, solange aber »kein Gebrauch« von ihnen gemacht wird, bleiben sie unbemerkt. So spürt etwa eine Person die Liebe zu ihrem Partner nicht ununterbrochen und ist sich ihrer auch nicht fortwährend bewusst. Bewusst wird sie erst, wenn die betreffende Person ihre Aufmerksamkeit auf sie richtet und ein nicht vollständig benennbares Grundgefühl aufkommt (das in dieser Weise bei guten Freunden nicht aufkommt). Physiologisch könnte dieses Grundgefühl eine Entsprechung in einem emotionalen Gleichgewicht, einem homöostatischen Niveau haben, aber das ist eine empirische Frage.

Darüber hinaus darf nicht vergessen werden, dass es sich bei einem solchen Gefühl nicht um ein isoliertes affektives Phänomen handelt; es wird vielmehr von anderen Gefühlen und Emotionen wie der Sorge, der Angst, der Freude, des Vertrauens und auch dem gemeinsam Erlebten oder geteilten Lebensvorstellungen begleitet.

24

Unbewusste Einschätzungen müssen aber nicht in jedem Fall sofort mit einem affektiven Moment einhergehen. Doch wie äußern sich unbewusste Einschätzungen, wie erkennt man sie dann? Ein Beispiel: Wenn ich in einem Raum allen Anwesenden die Hand gebe mit Ausnahme einer Person und mir dieses Verhalten hinterher bewusst wird, werde ich mich unter Umständen fragen, ob mein Verhalten Zufall war oder andere Gründe hatte. Vielleicht wird mir klar, dass mir die nicht gegrüßte Person äußerst unsympathisch ist und dass das wohl der Grund für mein Verhalten ihr gegenüber war.

In dem Moment, in dem ich spüre, dass mir die fragliche Person unangenehm war, handelt es sich um eine emotionale Reaktion. Mein Verhalten während der Begrüßung war jedoch nicht von einer Emotion begleitet, es handelte sich lediglich um eine unbewusste Einschätzung, die sich nur in meinem unhöflichen Verhalten zeigt (Letzteres ist auch nicht per se unhöflich, sondern nur in Gesellschaften, in denen man allen Anwesenden die Hand gibt). Hervorgerufen wird die emotionale Reaktion in diesem Fall nicht durch die Situation und die Person, auf die sie sich bezieht, sondern durch die Reflexion meines Verhaltens.

Einen anderen Fall stellen die unbewussten Einschätzungen oder Reaktionen auf gewöhnlich Angst einflößende Bilder dar, die den Versuchspersonen so kurz gezeigt werden, dass sie sie nicht bewusst wahrnehmen können. Die Versuchspersonen verspüren keine Angst, also keine Emotion, zeigen aber Veränderungen ihres Körperzustandes, die herkömmlich mit einer empfundenen emotionalen Reaktion einhergehen. In diesen Fällen spricht man von einer unbewussten (emotionalen) Reaktion, weil sich die Reaktions- oder Aktivierungsmuster des Körpers bei empfundenen, emotionalen Reaktionen und bei unbewussten Einschätzungen ähneln. Die unbewusste Reaktion kann aber nur deshalb mit einer emotionalen in Verbindung gebracht werden, weil sie dem Aktivierungsmuster entspricht, das bei phänomenal empfundenen Reaktionen wahrgenommen wird. Nur im Rückgriff auf die phänomenale, also empfundene Reaktion kann die nicht empfundene, nicht phänomenale als unbewusste emotionale Einschätzung bezeichnet werden. An dieser Stelle sollen nun die relevanten Emotionstheorien aus der Biologie und der Psychologie detaillierter dargestellt werden.

Im Rahmen der *biologischen Theoriebildung* sind drei Ansätze von besonderer Relevanz. Alle drei gehen davon aus, dass Emotionen universal bei allen Menschen gleich angelegt und zumeist auch ausgebildet sind und rein körperbasiert sind.

Einer der bekanntesten biologischen Erklärungsansätze ist die sogenannte James-Lange-Theorie, die auf den amerikanischen Philosophen William James und den Physiologen Carl Gustav Lange zurückgeht und in jüngerer Zeit durch die populären Arbeiten von Antonio Damasio eine breite Beachtung gefunden hat. Dieser Theorie zufolge sind Emotionen Repräsentationen von Vorgängen im Körper. Wir – besser gesagt unser Gehirn – registrieren, dass unser Herz kräftiger schlägt, dass die Hände feucht werden und dass die Muskeln sich verkrampfen, und wir empfinden, nachdem diese Vorgänge registriert wurden, Angst. Dieses so weit sehr vereinfachte Modell soll noch etwas weitergehend erläutert werden.

Damasios Ansatz fußt auf dem auf William James zurückgehenden Modell. Nach dieser Theorie sind Emotionen und Gefühle neuronale Repräsentationen von Veränderungen im Körper eines Menschen. Das Gehirn bildet nach Damasio also nicht nur Objekte aus der Welt ab, sondern auch Beziehungen zwischen Objekten und dem sie abbildenden Organismus sowie zwischen Vorgängen im Organismus selbst. Gefühle und Emotionen sind demnach für das Gehirn Repräsentationen von Vorgängen im Organismus und werden ebenso wie abstrakte Gedanken oder wahrgenommene Objekte im Gehirn repräsentiert.

Sich verändernde Körperzustände wie Herzschlag, Schweißabsonderungen, Blutdruck oder die Aktivität der Eingeweide werden dieser Theorie zufolge an das Gehirn gemeldet – repräsentiert –, und daraus entstehen bewusste Emotionen. Die somatischen Marker, die Damasio einführt, sind Repräsentationen im Gehirn, die meist unbewusst eine Bewertung bestimmter Vorgänge als gut oder schlecht, angenehm oder unangenehm, gefährlich oder ungefährlich »markieren«. Wie diese Bewertung vonstattengeht, bleibt weitgehend offen. Da die Marker vom emotionalen Gedächtnis miterzeugt werden und dieses zum impliziten Gedächtnis gehört, das dem Bewusstsein nicht ohne Weiteres zugänglich ist, werden uns diese Bewertungen oft nicht bewusst. Sie werden aber im Gedächtnis gespeichert und für die Steuerung des Verhaltens benutzt. Wenn sie uns bewusst werden, empfinden wir Emotionen. Das affektiv-emotionale Erfassen einer gegenwärtigen Situation ist also ebenso eine Funktion des Gehirns als Bewertungssystem wie der Vergleich dieser Situation mit erinnerten emotional bedeutsamen Situationen. Eine Frage, die sich bereits an dieser Stelle aufdrängt, aber kaum befriedigend beantwortet wird, lautet: Warum resultieren manche Repräsentationen automatischer Veränderungen von Körperzuständen in bewusst wahrgenommenen Emotionen und andere nicht?

Für Philosophen ist hieran insbesondere interessant, dass von einer Instanz ausgegangen wird, welche die Sinne zu einer Empfindung, einem Gefühl integriert. Damit ist man natürlich noch nicht bei unserem weiter reichenden Begriff des Bewusstseins angelangt. Diese innere Instanz ist jedoch eine Voraussetzung, um innere bewusste Regungen wahrnehmen zu können.

Welche Bedeutung soziale Zusammenhänge und sprachliche Einflüsse auf das Entstehen und die Formung solcher emotionaler Prozesse haben, bleibt bei dieser Art der Theoriebildung weitgehend unberücksichtigt. Am Ende dieses Kapitels wird aber deutlich, dass sich diese Gesichtspunkte durchaus in ein weitgehend biologisches Modell von Emotionen integrieren lassen.

Noch älter als die James-Lange-Theorie sind die Ausführungen von Charles Darwin zu Emotionen, der vor allen Dingen den emotionalen Ausdruck von Gesichtern zum Gegenstand seiner Überlegungen gemacht hat (»Der Ausdruck der Gemütsbewegungen bei dem Menschen und bei den Tieren«, 1872). An Darwin knüpft der Psychologe Paul Ekman mit seinen Untersuchungen an. Wie Darwin vertritt Ekman die Auffassung, dass unsere Gefühlsregungen als Ergebnis der Evolution angeboren, das heißt universal sind. Untersucht und belegt werden diese Annahmen durch Vergleiche von Mimik, Körperhaltung und Stimme. Im Zentrum der Überlegungen steht mithin das nonverbale emotionale Ausdrucksverhalten, insbesondere das von Gesichtern.

Darwin wollte unter anderem nachweisen, dass es ein dem Menschen vergleichbares emotionales Ausdrucksverhalten auch bei einigen Tieren gibt. Dieser Aspekt war ihm wichtig, um seine Behauptung zu stützen, dass es zwischen Menschen und Tieren auch eine Abstufung hinsichtlich geistiger Phänomene gibt und der Mensch auch in dieser Hinsicht ein Produkt der Evolution ist.

Dagegen untersucht die Forschergruppe um Ekman, ob Menschen aus verschiedenen Kulturkreisen dasselbe mimische Ausdrucksverhalten zeigen, wenn sie einen erschreckenden Film sehen. Oder ob sie die Fotografie eines lachenden Mannes als Bild eines Mannes sehen, der sich freut.

Diese Forschung wurde in den vergangenen Jahren weiter ausdifferenziert, um zu zeigen, dass das mimische Verhalten tatsächlich etwas mit der Befindlichkeit zu tun hat. So wurde nachgewiesen, dass wir am Telefon, wenn wir einen freundlichen Eindruck hinterlassen wollen, lächeln, obgleich uns der Gesprächspartner nicht sieht. Umgekehrt fühlen wir uns aber auch besser, wenn wir ein Lächeln nur »aufsetzen«, um einen freundlichen Eindruck zu machen.[12]

Aber angesichts der Überlegungen, die zum Verhältnis von Sprache, Kultur und Emotionen oder Gefühlen bereits entwickelt worden sind, greift auch die in solchen Untersuchungen inhärente Reduktion von Emotionen auf rein physiologische, körperbasierte Mechanismen zu kurz, um Emotionen und das emotionale Ausdrucksverhalten zu erklären. Dennoch sollte man sie zur Kenntnis nehmen, um auch die Bedeutung rein physiologischer Mechanismen zu berücksichtigen.

Und schließlich sind drittens die schon erwähnten Affektprogramme zu nennen, denen die Annahme zugrunde liegt, dass auf bestimmte Auslösereize hin angeborene Affektprogramme automatisch ablaufen.

Nicht nur für die Forschergruppe um Paul Ekman spielt die kommunikative Funktion von Emotionen eine große Rolle. Auch bei Forschern, die Emotionen als ein Affektprogramm verstehen, steht der Gesichtspunkt, dass Emotionen eine kommunikative Funktion haben, im Vordergrund. Der freudige oder angsterfüllte Gesichtsausdruck eines Menschen teilt uns etwas über seine Befindlichkeit mit, aber auch etwas über die Situation oder Umgebung, in der er sich befindet. Hat mein Gegenüber ein angsterfülltes Gesicht, werde ich die Umgebung nach der Ursache für diese Reaktion überprüfen und gegebenenfalls selbst darauf reagieren. Mit Darwin geht man auch hier davon aus, dass Menschen einige Affektprogramme sogar mit Tieren teilen. Ähnlichkeiten im mimischen Ausdruck werden dabei häufig vorschnell als Ähnlichkeit im Empfinden interpretiert, was aufgrund der Unmöglichkeit, bei Tieren nachzufragen, was sie empfinden, eine dünne Basis der Evidenz bleiben muss.

Allerdings schränken auch Vertreter der Theorie, dass Emotionen Affektprogramme zugrunde liegen, die Reichweite der These, dass sie angeboren sind, ein. Sie räumen ein, dass selbst angeborene Mechanismen nicht unbedingt als unveränderliche Mechanismen zu verstehen sind.[13] Auch diese angeborenen Mechanismen werden durch die Erfahrungen, die das Lebewesen in seiner weiteren Entwicklung macht, geformt. Beim Menschen kommt die Fähigkeit, zu sprechen und begriffliche Schlussfolgerungen zu ziehen, als eine

Weise, diese Affektprogramme zu beeinflussen oder gar zu formen, hinzu.

Nach welchen angeborenen Mechanismen der Wissenschaftler sucht, wird allerdings von seinem Alltagsverständnis bestimmt. Nur wenn ich weiß, was Angst diesem Verständnis nach ist, kann ich einen Mechanismus für Angst suchen. Dieses Alltagsverständnis und die spezifische Empfindung, die es begleiten, lassen sich jedoch nicht auf den physiologischen Mechanismus reduzieren. Zu bedenken ist darüber hinaus, dass man die kulturspezifischen Unterschiede von Emotionen und Gefühlen nicht verstehen kann, wenn man auf der physiologisch-mechanistischen Ebene stehen bleibt.

Die *Psychologie* richtet ihr Augenmerk, anders als die Emotionstheorien der Biologie, sehr stark auf die kognitive Funktion von Emotionen. Gefragt wird nach der Einschätzung oder Bewertung (appraisal) von Vorgängen mittels emotionaler Prozesse und wie Emotionen entstehen. Die subjektive Einschätzung oder Bewertung einer Situation seitens der betreffenden Person steht dabei im Mittelpunkt des Forschungsinteresses. Wie bei einigen der philosophischen Ansätze ist es in diesem Rahmen entscheidend, dass Situationen oder Vorgänge mit Blick auf ihre Bedeutung für den einschätzenden Organismus bewertet werden. So ist es für einen Schwimmer an einem heißen Sommertag ein Spaß, wenn er von seinen Freunden in ein Schwimmbecken geworfen wird; für ihn ist es mit Freude verbunden. Bei einem Nichtschwimmer wird der gleiche Vorgang hingegen Angst auslösen, wenn er nicht weiß, ob er in diesem Becken so stehen kann, dass sein Kopf über Wasser verbleibt.

Wodurch werden nun die unterschiedlichen Emotionen Freude und Angst in diesem Beispiel ausgelöst? Durch unterschiedliche Einschätzungen. Vertreter der Einschätzungstheorie nehmen an, dass den unterschiedlichen Emotionen unterschiedliche Einschätzungsmuster zugrunde liegen, die auch festlegen, wie eine Emotion empfunden wird. Die Einschätzung löst die Emotion erst aus. Die Funktion der (empfundenen) Emotion ist es dann, diese Einschätzung bewusst zu machen und damit Handlungen oder beim Menschen auch Reflexionen auszulösen. Daraus lässt sich bereits erahnen, dass die Einschätzungstheorien von bewussten kognitiven Einschätzungsprozessen ausgehen.

Die Bedeutung von Absichten, Wünschen, Zielen und Überzeugungen, die beim Einschätzungsprozess zum Tragen kommen, ist bereits aus den philosophischen Ansätzen bekannt. Wie eine Situation oder ein Ereignis eingeschätzt wird, hängt davon ab, welche Fähigkeiten, Ziele, Wünsche und Absichten ein Subjekt hat, das den Bewertungs- oder Einschätzungsprozess vornimmt. Dabei wird oftmals eine gewisse sprachliche Kompetenz vorausgesetzt. Die gegen die philosophischen kognitiven Emotionstheorien gerichteten Einwände werden daher auch gegen die Einschätzungstheorien der Psychologie vorgebracht: Wenn mit einer Emotionstheorie zu viele kognitive Fähigkeiten vorausgesetzt werden, stellt sich die Frage, inwiefern auch Säuglinge oder demente Menschen Emotionen haben können.

Zudem bleibt häufig unklar, wie die Einschätzung jeweils vonstattengeht und was die ihr zugrunde liegenden Vorgänge sind. Mit psychologischen Einschätzungstheorien lässt sich allerdings durchaus die Annahme vereinbaren, dass die Einschätzung in einem angeborenen automatischen Mechanismus besteht, der eine Emotion auslöst. In diese Richtung bewegt sich auch seit einiger Zeit ein Teil der Forschung in der Psychologie, um ein überzeugendes theoretisches Angebot machen zu können, wie die Einschätzungsprozesse vor sich gehen. Vergessen werden sollte aber auch hier nicht, dass keineswegs alle emotionalen Prozesse oder gar Gefühle auf angeborenen Mechanismen beruhen und dass selbst die angeborenen im Verlauf der Entwicklung eines Organismus ausgeformt werden.

Selbst bei angeborenen Mechanismen – etwa bei Angst – hat das jeweilige habitualisierte kulturelle und semantische Schema Einfluss auf die Ausformung dieser Emotion und damit auf das individuelle Empfinden.

Wie äußert sich ein solcher Mechanismus beispielsweise bei einem Säugling? Stellen wir uns vor, dass neben einem Kinderwagen in einem Supermarkt eine gefüllte Glasflasche auf den Boden fällt und mit einem lauten Knall zerbricht. Der Säugling zuckt zusammen, verzieht das Gesicht und fängt an zu schreien. Die Mutter nimmt ihn aus dem Wagen, drückt ihn an den Brustkorb und flüstert ihm leise etwas zu.

Wie interpretieren wir einen solchen Vorgang? Wir sagen, dass der Säugling sich erschreckt hat, Angst bekommen hat und dann von der Mutter getröstet wird. Der Knall war dem Säugling unangenehm, er reagiert darauf mit Weinen und Schreien, der kleine Körper verkrampft sich.

Ob der Säugling Angst in unserem Sinne von Angst empfindet, wissen wir nicht. Was wir wissen können, ist, dass die physiologische Reaktion des Säuglings, die wir beobachten können, mit dem Verhalten der Mutter verbunden wird. Diese wird ihm beispielsweise zuflüstern: »Mein armer Schatz, du musst doch keine Angst haben, das war doch nur ein lauter Knall von einer Flasche, niemand tut dir etwas.« Während sie diese Worte flüstert, wiegt sie den Säugling, um ihn zu beruhigen.

Die Beurteilung der Situation, die Angstzuschreibung und die Zuschreibung der Bedeutung für das betroffene Individuum trifft auf der semantischen Ebene in diesem Beispiel die Mutter, der Säugling ist dazu noch nicht in der Lage. Auch die Emotionsregulation – das Beruhigen – nimmt die Mutter vor, auch das kann der Säugling noch nicht ganz allein, ihm steht dafür allenfalls das Daumenlutschen zur Verfügung.

Der Säugling lernt in solchen Situationen, wann die physiologische Reaktion, die er zeigt, Angst genannt wird, wann sie ihm zugestanden wird, wie die Emotionsregulation erfolgt, wann und wie die ihn umgebenden Personen ebenfalls physiologisch reagieren, und er wird einen bestimmten Gesichts- und Körperausdruck bei den ihn umgebenden Personen mit dem Wort »Angst« verbinden, das in solchen Zusammenhängen immer wieder fällt. Außer dem Wort hat er aber auch eine Anzahl von Handlungszusammenhängen miterlernt, so zum Beispiel, wann ihm eine Reaktion, die Angst genannt wird, zugestanden wird und wann nicht. Kurz, die kulturelle Habitualisierung wird unbewusst im Verlauf der Sozialisation internalisiert, Emotion und Begriff lassen sich dann nicht mehr voneinander trennen. Angst ist also nicht lediglich ein körperlicher Zustand, der uns bewusst ist.

Gefühle und Emotionen sind beim Menschen fast immer konzeptualisiert oder semantisiert. Die Empfindung, die wir mit dem Konzept »Angst« oder »Freude« verbinden, wird schließlich als eine bestimmte Emotion »Angst« oder »Freude« wahrgenommen. Das bedeutet, dass die Semantik mit der emotionalen Färbung einer Emotion, dem »Sich-Anfühlen«, verbunden wird.

Diese Schilderung mag auch zeigen, dass Emotionen auf der einen Seite zwar sehr private Zustände einer Person sind, auf der anderen aber als kulturell vermittelt und geformt gelten müssen. Zum einen wissen wir nicht, wie genau sich eine andere Person in einer Situation fühlt, weil wir nicht sie sind. Und zum anderen gilt: Obgleich Gefühle und Emotionen in der beschriebenen Weise kulturell geformt sind, ist das Subjekt doch zugleich die Quelle oder der Ursprung der auftretenden Emotion. Das heißt aber auch, dass meine Überzeugungen, Meinungen, Ziele, Absichten und Wünsche ein Bewertungssystem bilden, das Einfluss auf meine Emotionen und deren Entstehen hat. So mag ich dazu erzogen worden sein, sensibel für rassistische Äußerungen zu sein, und mir entsprechende Überzeugungen angeeignet haben. Treffe ich nun auf jemanden, der sich abfällig über Menschen ihm fremder Herkunft äußert und sich auch so verhält, mag ich ihm gegenüber tiefe Abneigung oder gar Hass empfinden, den wiederum eine eventuelle christliche Glaubensüberziehung hilft zu korrigieren etc. Inwiefern und inwieweit emotionale Regungen durch meine Ansichten, Meinungen und Absichten hervorgerufen oder reguliert werden, hängt also durchaus auch von Festlegungen und Entscheidungen ab, die das Subjekt trifft.

Hinzu kommt, dass Gefühle nicht für sich allein stehen. Bestimmte Emotionen verweisen aufeinander oder schließen sich aus. So kann man nicht gleichzeitig Angst und Freude empfinden, wohl aber Stolz und Freude oder Angst und Scham. Trauer kennt keine Freude, Ekel kein Wohlempfinden, Trauer oder Angst verweisen auf Bindungsstärke oder Bindungswillen, Vertrauen auf Angstlosigkeit. Und eine Emotion kann eine andere hervorrufen. So mag die Angst um eine Person einem bewusst machen, dass man diese Person liebt, oder die Freude über den Unfall einer anderen Person anzeigen, dass man sie hasst. Unsere Emotionen und Gefühle stehen so wenig für sich allein, wie es Worte und ihre Bedeutungen tun.

Emotionen, Gefühle und Verstand/ Rationalität

Immanuel Kant schreibt in seiner *Anthropologie in pragmatischer Hinsicht*, dass es eine Krankheit des Gemüts sei, wenn man sich Affekten und Leidenschaften unterwerfe, da dies die Herrschaft der Vernunft ausschließe. Das kann so nicht mehr stehen bleiben. Durch neuere Forschungen in der Philosophie, den Neurowissenschaften und der Psychologie wird immer deutlicher, dass die Herrschaft der Vernunft auf eine funktionierende Emotionalität angewiesen ist. Denn Entscheidungen kommen nicht rein rational zustande, und die Handlungen, welche aufgrund rationaler Erwägungen zu erfolgen haben, können ohne die motivierende und bewertende Kraft von Emotionen nicht umgesetzt werden. Wer nicht nur vernünftig denken will, sondern auch vernünftig handeln, ist daher auf seine Emotionen und Gefühle angewiesen.

Ronald DeSousa hat in der Philosophie schon in den Achtzigerjahren darauf hingewiesen und Gedankenexperimente dazu angestellt. Für die Neurowissenschaften sind die populär gewordenen Ausführungen von Antonio Damasio aus den Neunzigerjahren zu nennen.

Die Diskussion über das Verhältnis von Gefühlen oder Emotionen und Rationalität hat verschiedene Etappen durchlaufen. Im Vordergrund standen erst einmal Überlegungen aus der Neurobiologie, dass Emotionen automatisch ablaufende Mechanismen seien, die einfach schneller sind als Überlegungen und Schlussfolgerungen. Das Warn- und Bewertungssystem der Emotionen sei daher evolutionär gesehen für das Überleben grundsätzlich von weitaus größerer Bedeutung gewesen als das Denken. Das berühmteste Sinnbild für diese Argumentation ist die Schlange auf dem Waldweg. Laut Joseph LeDoux zeigen wir eine Angstreaktion, noch ehe wir die Schlange bewusst wahrgenommen haben. Das bewahrt uns davor, zu direkt mit ihr in Kontakt zu kommen, was wiederum die Wahrscheinlichkeit unseres Überlebens erhöht. Im Verhältnis Emotion, Wahrnehmung, Reaktion und Überlegung ist damit allerdings in erster Linie die Frage der Geschwindigkeit angesprochen: Emotionale Reaktionen sind schneller als solche, die auf Nachdenken beruhen, sie sind primär und nützlicher und führen daher rasch zu dem Verhalten, das in der fraglichen Situation vernünftig oder angemessen ist.

Auch das Gedankenexperiment von Daniel Dennett, an das Ronald DeSousa anschließt, hat letztlich etwas mit der zur Verfügung stehenden Zeit und der angemessenen Geschwindigkeit zu tun. Veranschaulicht wird damit ein Problem, mit dem sich die Kognitionswissenschaftler und Philosophen bereits seit geraumer Zeit beschäftigen. Es besteht darin, dass wir diejenigen Folgerungen, die sich als irrelevant für das zu lösende Problem erweisen, gar nicht erst ziehen. So sollte man beispielsweise bei der Frage, wie man am besten von Amsterdam nach Berlin kommt, nicht auch darüber nachdenken, warum rote Autos im Wiederverkauf billiger sind als schwarze und graue. Die Informationen zu roten, grauen und schwarzen Autos sind für die Lösung meines Transportproblems nicht relevant. Wie wir es in einem konkreten Problemzusammenhang schaffen, relevante von irrelevanten Informationen und Schlussfolgerungen zu unterscheiden, ist ein weitgehend ungelöstes Problem. DeSousa legt dar, dass Emotionen und Gefühle uns dabei helfen.

Um das zu verdeutlichen, muss das Gedankenexperiment von Dennett kurz geschildert werden: Ein Roboter erhält die Nachricht, dass innerhalb der nächsten Minuten eine Bombe in seinem Schuppen explodieren wird. Der Roboter berechnet daraufhin, was zu tun ist. Als er gerade ableitet, dass ein Verlassen des Schuppens den Teepreis in China nicht verändern würde, explodiert die Bombe.[14]

Einem Menschen wäre bei der Nachricht, dass eine Bombe explodieren wird, die »Angst in die Glieder gefahren« und er hätte den Schuppen ohne weiter nachzudenken sofort verlassen. Die Angst hätte seine Aufmerksamkeit auf die für die weiteren Handlungen relevanten Gesichtspunkte gelenkt; die nicht relevanten wären erst gar nicht aktiviert worden. Er hätte auch nicht darüber nachdenken müssen, dass die nicht relevanten Aspekte in dieser Situation nicht relevant sind.

Recht bekannt geworden sind die Ausführungen des Neurowissenschaftlers Antonio Damasio zum Verhältnis von Gefühl und Verstand. Damasio weist unter anderem darauf hin, dass rein mathematisch basierte Computermodelle des Geistes grundlegenden Schwierigkeiten gegenüberstehen, weil Logik allein nicht festlegen kann, was in einer Situation dringlich oder wesentlich ist und was beachtet werden muss. Um Roboter oder Computer »entscheidungs- und handlungsfähig« zu machen und nicht nur korrekte mathematische Lösungen ausrechnen zu lassen, beschäftigen sich in jüngster Zeit auch Kognitionswissenschaftler mit Emotionen und ihrer Simulation.

Dass mit Logik allein nicht zu ermitteln ist, welche Informationen entscheidungsrelevant sind, wird zudem durch einige Ergebnisse aus Damasios Arbeit sehr deutlich. Damasio und seine Forscherkollegen haben bei Patienten, bei denen ein Teil des Gehirns geschädigt war, der für emotionale Verarbeitung zuständig ist, entsprechende Experimente angestellt. Patienten, bei denen der für das Entstehen und Verarbeiten von Emotionen zuständige Teil des Gehirns durch einen Unfall oder eine Operation geschädigt war, wurde ein Mordfall geschildert, wobei das geblümte Kleid des Opfers genau beschrieben wurde. Bei der Wiedergabe der Geschichte war für einige dieser Patienten die Schilderung des Kleides dann ungleich wichtiger als das Mordgeschehen. Daran mag man ersehen, dass die Bedeutung von Emotionen für das Denken nicht nur darin liegt, dass das mit ihnen verbundene Bewertungssystem schneller funktioniert als das des Verstandes. Emotionen helfen auch die Bedeutung einer Information zu gewichten und zu bewerten.

Damasio hat während seiner Tätigkeit als Neurologe zudem beobachtet, dass es Patienten mit Hirnschädigungen gibt, die zwar durchaus zu rationalen Überlegungen fähig sind, aber sowohl in ihrem emotionalen Empfinden als auch in ihrer Fähigkeit, Entscheidungen zu treffen, gestört sind. Exemplarisch hat er dies anhand eines Falles erzählt. Der Patient schloss zahlreiche Intelligenztests mit überdurchschnittlichem Ergebnis ab. Getestet wurden sein soziales Wissen, seine Zugriffsmöglichkeit darauf, seine Aufmerksamkeitslenkung, sein Arbeitsgedächtnis, Faktenwissen sowie sein logisches Denken. In keinem dieser Tests konnte ein Mangel hinsichtlich einer der getesteten Fähigkeiten des Patienten festgestellt werden. Dennoch verhielt sich dieser im Alltag so, dass er ständig gegen soziale Regeln verstieß, sich nicht entscheiden konnte, seine Aufgaben oft aus dem Auge verlor und sich mit Nebensächlichkeiten beschäftigte – er wirkte schlicht unvernünftig.

Schließlich wurden noch seine moralischen Fähigkeiten getestet, aber auch die Ergebnisse dieser Tests wiesen keine Abweichungen von den Werten der Durchschnittsbürger auf. Damasio kam zu dem Schluss, dass das Fehlverhalten des Patienten seinen Grund in der mangelnden emotionalen Empfindungsfähigkeit haben müsse, die er bei diesem Patienten festgestellt habe: »In mir wuchs die Überzeugung, daß die Gefühllosigkeit seines Denkens Elliot daran hinderte, verschiedenen Handlungsmöglichkeiten unterschiedliche Werte zuzuordnen, so daß seine Entscheidungslandschaft völlig abflachte. Möglicherweise machte die Gefühllosigkeit seine geistige Landschaft so unbeständig, daß nicht genügend Zeit für die Auswahl von Reaktionen blieb [...].«[15]

Der Patient Elliot war also durchaus noch zu Kosten-Nutzen-Analysen in der Lage, um den für ihn zu erwartenden Nutzen zu maximieren. Was er aber nicht konnte, war, sich zu entscheiden, wenn er es in der Wirklichkeit musste: »Elliot vermochte sich nicht wirksam, gar nicht oder nur schlecht zu entscheiden. Er [...] verlor seine Aufgabe oft aus dem Auge und beschäftigte sich stundenlang mit Nebensächlichkeiten. Wenn wir uns vor eine Aufgabe gestellt sehen, eröffnen sich uns eine Reihe von Möglichkeiten, unter denen wir den richtigen Weg auswählen müssen [...]. Elliot war nicht mehr in der Lage, diesen Weg auszuwählen.«[16]

Dieses Beispiel mag zeigen, dass emotionale Empfindungsfähigkeit, Entscheidungs- und Handlungsfähigkeit gekoppelt sind. Es reicht nicht aus, zu dem richtigen Schluss zu gelangen, um das Angemessene oder Vernünftige auch zu tun.

In philosophischen und psychologischen Theorien, die sich mit dem Verhältnis von Emotionen und Verstand oder Ratio beschäftigen, wird versucht, die evaluative oder bewertende Funktion von Emotionen und Gefühlen näher zu analysieren. Denn auch in diesen Disziplinen wird eine Verbindung zwischen Entscheidungsfähigkeit, der Bewertung und Relevanzauswahl von Tatsachen oder Schlussfolgerungen und Emotionen oder Gefühlen angenommen.

Im Mittelpunkt steht auch hier, wie bei Damasio, die Frage, inwiefern Emotionen und Empfindungen an rationalen Entscheidungen beteiligt sind. Denn ist eine Entscheidung nur dann rational, wenn gute Gründe für sie geltend gemacht werden können? In einem Teil der neueren Literatur, so bei DeSousa, Nussbaum und Ben Ze'ev, wird dies verneint und darauf verwiesen, dass Rationalität auf die Beteiligung von Empfindungen oder Emotionen angewiesen ist.

Wie bereits im ersten Kapitel erläutert, spielt das evaluative Moment auch in den Emotionstheorien von Neurobiologie und Psychologie eine zentrale Rolle, wenn es darum geht zu klären, was Emotionen sind. Dieses Moment gehört zur Definition einer Emotion dazu. Zur Erinnerung sei nochmals kurz das evaluative Moment bei Antonio Damasio angesprochen. Er führt somatische Marker ein, um angeben zu kön-

nen, inwiefern Empfindungen am rationalen Entscheidungs-
prozess teilhaben. Ein somatischer Marker ist zum Beispiel
eine unangenehme Empfindung, die bei einem unerwünsch-
ten Ergebnis auftritt. Der Marker lenkt die Aufmerksamkeit
auf das Ergebnis, er wirkt als evaluatives Warnsignal und
vermindert die Anzahl der infrage kommenden Entscheidungen. Die Kosten-Nutzen-Analyse für eine rationale Entscheidung bezieht sich dann auf die verminderte Zahl der
Wahlmöglichkeiten. Der somatische Marker ist eine neuronale Repräsentation von Veränderungen im Körper eines
Menschen, die mit einer angenehmen oder unangenehmen
Empfindung einhergeht. Detektiert werden vom Gehirn also
vegetative Veränderungen, wie ein beschleunigter Herzschlag, schwitzende Handflächen, ein erhöhter Blutdruck
oder veränderte Hormonlevels im Blut. Der Körper kommt
in Bewegung und registriert sich dabei selbst. Da diese Veränderungen zwar auf einem angeborenen Mechanismus
beruhen, aber zu einem großen Teil durch Erfahrung in sozialen Kontexten und Regelzusammenhängen geformt sind,
ließe sich auch erklären, warum die emotionale Auf-
merksamkeitssteuerung und Vorsortierung von Entscheidungen kulturell verschieden sein können. Soziale Kontexte
und Erfahrungszusammenhänge sind eben immer kulturell
geprägt und werden demnach unterschiedliche Marker in
Damasios Sinne hervorbringen. Erklären lässt sich damit
aber auch, warum Patienten mit bestimmten Hirnschädigungen, deren logisches Denken offensichtlich nicht beeinträch-
tigt ist, nicht in der Lage sind, sich zu entscheiden und vernünftig zu handeln.

Auch für den Philosophen Aaron Ben Ze'ev zeigen Emotionen
die Prioritäten an, die (rationalen) Entscheidungen und
Handlungen zugrunde zu legen sind. Eine emotionslose
Person verfügt über kein Warn- oder Leitsystem, das die
Bewertung und Gewichtung von Entscheidungen und Situa-
tionen ermöglicht. Emotionen geben hingegen einen ersten
Anhaltspunkt, wie angemessen, das heißt vernünftig zu rea-

gieren ist; man denke etwa an Angst und Flucht. Sie gehen mit einer schnellen Aktivierung von Ressourcen einher, beispielsweise mit der Ausschüttung von Adrenalin. Zudem erleichtern sie, wie bereits im ersten Kapitel dieses Buches dargelegt, die soziale Kommunikation.

Bisher ist die Funktion von Emotionen für kognitive Prozesse in mehreren Hinsichten angesprochen worden, nämlich in Bezug auf Schnelligkeit, Relevanz, Dringlichkeit, Aufmerksamkeitslenkung, Verständigung im Sozialverband, Handlungsbereitschaft, Handlungsmuster.

Damit ist das Augenmerk auf die Geschwindigkeit der Entscheidungsfindung gelegt, auf die Motivation oder Antriebskraft, intellektuelle Einsichten in Handlungen umzusetzen. Schließen Emotionen also lediglich Lücken, die die Vernunft lässt, wie Ronald DeSousa behauptet?[17] Das würde eine Reduzierung von Emotionen auf ihre Funktion als Warn- oder Leitsignal im Entscheidungsfindungsprozess bedeuten. Emotionen wären insofern auf die Funktion von »Abkürzungsmechanismen« im Rationalitätsprozess verkürzt.

Dass Emotionen in Entscheidungs- und Rationalitätsüberlegungen weitere Funktionen haben, zeigen Experimente, die darauf hindeuten, dass auch die strategische Wahl von Emotionen mitbestimmt wird. Mithilfe bildgebender Verfahren konnte gezeigt werden, dass ein unfaires Angebot in einer Spielsituation Gehirnareale aktiviert, die sowohl mit der Verarbeitung von Emotionen als auch mit kognitiven Vorgängen in Verbindung gebracht werden. In einem Experiment von Sanfey[18] wurde gezeigt, dass Spieler, denen eine Summe angeboten wird, die sie als zu niedrig und daher unfair einschätzen, eher die angebotene Summe ablehnen, so dass weder sie noch der anbietende Mitspieler etwas erhält. Denn auch der Anbietende darf den Rest des zu teilenden Betrages nur dann behalten, wenn der Mitspieler sein Angebot angenommen hat. Diejenigen, die die angebotene Summe als ungerecht niedrig einschätzen, bestrafen allerdings lieber den Anbieter und damit auch sich selbst, indem niemand etwas erhält. Ökonomisch rational wäre es, wenn ein Spieler eine geringe Summe Geld akzeptierte, ehe er gar nichts erhält. Denn das weithin unangefochtene Paradigma der Ökonomie lautet, dass Entscheidungen aufgrund von Kosten-Nutzen-Erwägungen, also rationalen Überlegungen, zustande kommen und Emotionen dabei keine oder eine marginale Rolle spielen. Das handlungsleitende Paradigma der Gewinnmaximierung wird mit dem Experiment infrage gestellt. Dieser Umstand bringt selbst Ökonomen dazu, sich stärker mit der Rolle von Emotionen in Entscheidungsprozessen zu beschäftigen.

Einschlägig sind aber auch philosophische Überlegungen wie die von Harry Frankfurt zur Funktion von Gefühlen, speziell der Liebe, für das bewusste Differenzierungsvermögen in der Wahrnehmung. Harry Frankfurt geht so weit zu sagen, dass die Welt durch die Liebe überhaupt erst eine Bedeutung für uns erhält. Denn nur, wenn wir jemanden oder etwas gern haben, ist er oder es wichtig für uns, und nur dann erhalten die daraus folgenden Handlungen Bedeutung. Die Wahrnehmung der Umwelt durch eine Person ist ohne die Zuweisung von Wertigkeit durch ein Gefühl wie das der Liebe flach, das bedeutet, dass alles gleich wichtig oder unwichtig erscheint und keine relevanten Merkmale aus dem Wahrgenommenen herausgefiltert werden.

Frankfurt sagt zwar, dass es sich bei der Form der Liebe, von der er spricht, um kein emotionales oder affektives Phänomen, sondern um eine rein volitionale Einstellung handelt, wie es das selbstlose Sich-Sorgen um das Wohlergehen der geliebten Person ist. Fast alles, was er zu dem Phänomen der Liebe und darüber schreibt, was sie in unserem Leben bewirkt, entspricht dann allerdings bestimmenden Merkmalen affektiver Phänomene und speziell Gefühlen.

Es sind genau diese Merkmale affektiver Phänomene, die es ihm erlauben, die motivationale und zwingende Wirkung der Liebe zu unterstellen.[19] Im Folgenden wird sich zeigen, dass er auf genau diese Merkmale nicht verzichten kann, weil sie zentral für seine Ausführungen sind. Frankfurt selbst hat

das, was er unter Liebe versteht, früher als affektives Phänomen eingeordnet,[20] und da nichts dagegen spricht, dies nicht
mehr zu tun, scheint es gerechtfertigt, seine Ausführungen
entgegen seiner eigenen Äußerungen als solche über Gefühl
und Vernunft zu lesen.

Wenn Frankfurt schreibt, dass Liebe weniger damit zu tun
hat, was eine Person fühlt, als damit, dass sie sich um die
geliebte Person sorgt,[21] ist das zunächst eine willkürliche
Bestimmung. Denn das, was er anschließend dazu ausführt,
entspricht dem, was man unter dem Gefühl der Liebe
versteht: Erstens, dass Liebe nicht unserer unmittelbaren
willentlichen Kontrolle unterliegt.[22] Zweitens, dass wir jemanden um seiner selbst willen als für uns ganz spezielles
Individuum lieben, das nicht durch ein anderes zu ersetzen
ist.[23] Drittens, dass Liebe eine Bindungskraft ist, die keine
aus Pflicht ist.[24] Viertens, dass uns die kontingenten Notwendigkeiten der Liebe in einer Weise antreiben, wie es Gefühle
und Wünsche tun[25], die motivierend für unser Handeln sind.
Fünftens, dass Liebe mit Hingabe an das geliebte Wesen
einhergeht,[26] und dass man sechstens persönlich von ihm
affiziert ist.[27] Außerdem führt er in einem weiteren Punkt
aus, dass Liebe oft mit anderen Gefühlen wie Furcht[28] und
tiefstem Leid einhergeht.[29] Es bleibt daher unklar, inwiefern
es sich bei dem so beschriebenen Phänomen nicht um ein
Gefühl in dem Sinne handelt, wie er im vorangegangenen
Kapitel bestimmt wurde. Denn Gefühle und Emotionen gehen mit einer handlungsmotivierenden Kraft einher, sie sind
nicht unmittelbar von unserem Willen zu beeinflussen und
stehen in einem Bedeutungszusammenhang mit anderen
Emotionen oder Gefühlen. Wir werden im Anschluss sehen,
dass es genau diese Merkmale von Emotionen und Gefühlen
sind, die Frankfurt heranzieht, um das Verhältnis zwischen
Liebe und Rationalität oder Vernunft zu erhellen.

Was Frankfurt in Bezug auf das Verhältnis von bewusster
Wahrnehmung und Liebe schreibt, trifft allerdings keineswegs nur auf die Liebe als motivierende und Bedeutung

verleihende Kraft zu, sondern auf Gefühle und Emotionen insgesamt. Letztlich wird das Leben durch alle Gefühle und Emotionen lebendiger, und sie alle schärfen die bewusste Wahrnehmung für das uns Umgebende, für unsere Wünsche, Absichten und Pläne:

»Wenn nichts für uns wichtig wäre, wären wir furchtbar gelangweilt. [...] Langeweile zu vermeiden ist ein tiefes, unausweichliches menschliches Bedürfnis. [...] Langeweile bewirkt im Wesentlichen, dass wir kein Interesse an dem haben, was vor sich geht. Wir kümmern uns um nichts mehr, nichts ist mehr von Bedeutung für uns. Als natürliche Folge daraus sind wir weniger lebendig. Insbesondere erfahren wir eine radikale Abschwächung unserer psychischen Lebendigkeit. In seiner charakteristischsten und vertrautesten Ausprägung führt Langeweile zu einer Verminderung in der Schärfe und Fokussierung unserer Aufmerksamkeit. Das allgemeine Niveau der mentalen Energie und Aktivität sinkt. Unsere Empfänglichkeit für gewöhnliche Objekte und Stimuli flacht ab oder sinkt. Unterschiede und Unterscheidungen werden nicht bemerkt oder nicht gemacht. Der Bereich des Bewussten wird immer homogener. In dem Maße, in dem die Langeweile zunimmt und zunehmend bestimmend wird, nimmt die wichtige Differenzierungsfähigkeit im Bereich des Bewusstseins ab. An diesem Punkt, wenn Bewusstsein ganz undifferenziert ist, gibt es keine psychischen Veränderungen mehr. Vollständige Gleichmacherei ist gleichbedeutend damit, dass bewusste Wahrnehmung aufhört. [...] Jegliche Zunahme der Langeweile untergräbt daher die Fortdauer bewussten mentalen Lebens. Das heißt, es droht das aktive Selbst auszulöschen.«[30]

Frankfurt fährt fort, zu erklären, dass es sich beim Vermeiden von Langeweile um die Erhaltung des Selbst und nicht lediglich des Organismus handele. Das Selbst muss seinen Handlungen, Planungen und Absichten einen Wert zuschreiben, das bedeutet, einen Sinn zumessen. Diese Wertzuschreibung beginnt nicht erst auf der Ebene der bewussten Reflexion über das gesamte Leben, sondern auch in Bezug auf einzelne

Handlungsabschnitte und Situationen. Frankfurt spricht mit seinen Äußerungen auch nicht die zweckrationale Überlebensfunktion allein an, wenn es um die Erhaltung des Selbst geht, denn dafür wäre die Erhaltung des Organismus ausreichend. Es geht ihm vielmehr um das Leben eines Individuums und dessen positive Werte.

Harry Frankfurt schreibt diese Funktionen nur der Liebe zu, weil er zum einen vom mentalen Überleben spricht und nicht lediglich vom physischen und weil er zum anderen von einer Bedrohung für das Selbst schreibt. Welche geistigen Fähigkeiten Tiere haben, ist umstritten, aber niemand konzediert ihnen im emphatischen Sinne ein Selbst, von dem Frankfurt beim Menschen spricht. Dieses Selbst benötigt letztlich positive Werte für die Wertzuschreibung seiner Handlungen. Denn auch wenn Hass und Zorn ebenso motivierend wirken können wie Freude oder Liebe, muss der Ursprung dieses Hasses und dieses Zorns letztlich auf etwas verweisen, was das Selbst für sich erreichen will und insofern einen positiven Wert hat. Dennoch ist nicht ersichtlich, warum die Vitalität, die Schärfung der Aufmerksamkeit, ihre Gerichtetheit und die differenzierte Wahrnehmung einzig auf der Bedeutung und Ziel vermittelnden Funktion der Liebe beruhen sollte und nicht eine Funktion aller Emotionen und Gefühle sein sollen.[31]

Es stellt sich also die Frage, inwiefern das, was Frankfurt über die Liebe ausführt, auf diese beschränkt ist. Angst lenkt die Aufmerksamkeit ebenso wie Freude, Wut und Hass lassen ebenso wenig Langeweile aufkommen wie Liebe. Die bewusste, differenzierte und differenzierende Wahrnehmung wird von allen emotionalen Prozessen gleichermaßen angeregt, erweitert und auf hohem Niveau gehalten.

Frankfurt spricht der Liebe eine so herausgehoben wichtige Funktion auch deshalb zu, weil er ihre eine besondere Bedeutung für die praktische Rationalität zuschreibt. Diese Zusammenhänge gilt es selbstverständlich weiter zu erläutern, denn schon die bisher angesprochenen Begriff wie

»Langeweile«, »Aufmerksamkeit«, »mentale Vitalität« oder »Bewusstsein« sind keine Begriffe, die in Erörterungen zur praktischen Rationalität häufig anzutreffen sind. Was also hat Frankfurt im Sinn, wenn er sie in diesen Kontext einführt?

Harry Frankfurts Antwort auf die Frage, wie wir in unserem Leben zu Wertigkeiten, Bedeutung und Sinn gelangen, lautet, dass wir durch die Liebe dazu kommen. Wie bereits dargelegt, gehört es zur Definition von »Emotion« dazu, dass es sich um einen bewertenden, einschätzenden Vorgang durch einen Organismus handelt. Aber einen Vorgang einschätzen und ihm eine Wertigkeit zuschreiben ist eben nicht dasselbe, auch wenn in beiden Fällen das Wort »Wert« vorkommt. Wenn ich Angst vor einem Hund habe, der mich beißen könnte, bezieht sich die Angst in erster Linie auf meine körperliche Unversehrtheit, nicht auf die Entwicklung meines Selbst. Mein Selbst, das heißt meine Wünsche, Absichten, Pläne, Zukunftsvorstellungen und meine Wissbegier, ist durch die körperliche Integrität des Organismus nicht vollständig erfasst. Mit bewusster Aufmerksamkeit und Empfindungsfähigkeit ist noch nicht die Ebene des Selbst erreicht, das Vorstellungen von meiner Lebenssituation umfasst und den Einfluss, den ich auf sie nehmen kann oder nehmen möchte.

Die Pläne, Absichten und Vorstellungen, die jemand für sein Leben hegt und in Bezug zu seiner Lebenssituation setzt, setzen voraus, dass es Wertigkeiten für ihn gibt, an denen er die Pläne und Absichten ausrichtet. Und es gehört zum Konzept des Selbst und der praktischen Rationalität dazu, solche Pläne, Wünsche und Absichten zu haben, denen eine Wertigkeit zugrunde liegt.

In diesem Zusammenhang weist Frankfurt darauf hin, dass derjenige, der nicht versucht, zu überleben oder Verstümmelung zu vermeiden, irrational und verrückt ist: »Wir betrachten ihn als irrational, obgleich es in seinem Verhalten keinen logischen Fehler gibt. Demnach gibt es eine Bedeutung von Rationalität, die wenig mit Fragen der Konsistenz, von Widersprüchlichkeit oder anderen formalen Überlegungen zu tun hat. [...] Die Bedeutung von Rationalität, die hier zur Debatte steht, ist insbesondere auf Verhalten bezogen, das die Wichtigkeit des Lebens und seiner elementaren Bedingungen betrifft. In diesem Sinne ist es irrational, absichtlich, aber ohne Grund, Tod oder schweres Leiden herbeizuführen [...].«[32]

Frankfurt sagt das, weil für ihn praktische Rationalität darin besteht, effektive Mittel für unsere Ziele zu ermitteln. Dafür muss man aber Ziele haben. Wer seinem eigenen Leben keine Bedeutung zumisst, hat solche Ziele nicht, er handelt im Sinne einer praktischen Rationalität daher ohne Grund, also irrational. Und wenn er den Wunsch oder das Ziel hat, keine Ziele, Wünsche oder Absichten mehr zu haben, ist das gleichfalls irrational.

Dieser fehlende Grund lässt unsere Handlungen und Vorstellungen dann letztlich unbefriedigend, vorläufig und unvollständig erscheinen. Einen Grund zu haben heißt aber auch, vernünftig zu sein. Frankfurt bestimmt allerdings nicht, was dieser Grund sein sollte, damit das Leben sinnvoll ist und für das Subjekt Bedeutung hat. Er führt mit anderen Worten keine andere Instanz ein, die diese Gründe bewerten könnte, als das Subjekt, das sie mittels der Liebe findet.

Unsere Handlungen sind ohne einen solchen Grund jedoch vergeblich, und wir verlieren das Interesse an dem, was wir tun. Was wir also brauchen, ist etwas, was mehr ist als Mittel für andere Zwecke, etwas, was einen Wert in sich selbst trägt und was wir um seiner selbst willen als Endpunkt oder Grund ansehen. Einen solchen intrinsischen Wert kann nach Frankfurt nur die Liebe vermitteln, nur sie ist frei von den Nützlichkeitserwägungen, die weitere Ziele erreichen helfen. Sie stellt für ihn diesen Endpunkt der Werte (der auch ein Vernunftgrund ist) dar, der die willkürliche subjektive Wahl als Handlungsimpuls übersteigt. Das Selbst wird somit durch die Liebe auf etwas anderes als sich selbst verwiesen und benötigt daher für seine eigene Entwicklung die Ausrichtung auf das Andere. Dieser Ansatz erinnert sowohl an Platon als auch an Hegel.

Nun war an einigen Stellen die Rede von praktischer Rationalität. Im Folgenden soll dieses Konzept mithilfe eines Vergleichs näher erläutert werden, den Harry Frankfurt in seinen Ausführungen anstellt, der aber fast so alt ist wie die Philosophiegeschichte. In Platons *Symposion* wird er zuerst angestellt: Es ist der Vergleich zwischen Liebe oder Eros und logischem Zwang. Es lohnt sich, diese Gegenüberstellung sowohl bei Frankfurt als auch bei Platon eingehender zu betrachten.

Frankfurt sieht genau wie Platon eine verblüffende Ähnlichkeit zwischen Liebe und Verstand oder Vernunft. Nicht nur handele es sich bei Liebe und Vernunft um die beiden Fähigkeiten des Menschen, die seine Natur am besten charakterisieren, sondern auch um diejenigen, die der Mensch selbst am höchsten schätzt. Während der Verstand den Gebrauch unseres Geistes leite, statte uns die Liebe mit einer ideellen Motivation aus, die wir benötigen, um unser persönliches und soziales Leben zu führen. Nach Frankfurt zeichnet sich der Mensch durch diese beiden Fähigkeiten eben als Mensch aus.

Paradoxerweise ermöglichen sowohl die unwiderstehlichen Zwänge der Logik als auch die der unabwendbaren Liebe zugleich eine Befreiung von Zweifeln und eine Vervollkommnung unseres Selbst (experience of liberation and of enhancement). Die Logik leitet unser Denken, die Liebe gibt uns die letzten Gründe der praktischen Rationalität vor, indem sie uns den Grund unseres Handelns vermittelt, dem wir nicht ausweichen können, weil wir nicht anders können, als das zu lieben, was wir lieben. Die Notwendigkeiten und Erfordernisse des Denkens und Fühlens leiten uns und vermitteln so eine Sicherheit, die es uns erlaubt, unser Selbst, das heißt unsere Fähigkeiten im Rahmen der Notwendigkeiten, die wir nicht kontrollieren können, voll und ganz zu entfalten. Erst der

Rahmen ermöglicht die Vervollkommnung. Dieser Gedanke entspringt augenscheinlich der griechischen Antike.

Zwang und Notwendigkeit sind auch in Platons *Symposion* das Merkmal von Liebe und Logos. Dort wird in der Rede des Agathon der Zwang als Göttin eingeführt, welche Taten begangen hat, die ursprünglich dem Eros zugeschrieben wurden. Eros übt seine Macht aber zarter und feinfühliger aus als Ananke. Die Göttin Ananke (griechisch für »Zwang«) wird so zum Eros, zur Liebe als Kraft. Zwar kann man sich auch der Kraft des Eros nicht entziehen, aber er ist ein behutsamerer Lehrer, keiner, der rohe Gewalt ausübt: »(Ist es) nicht zwingend so, dass das Begehrende das begehrt, was es braucht, oder nicht begehrt, was es nicht braucht; [...] mir scheint da in erstaunlichem Maße ein Zwang vorzuliegen.« (Platon, Symposion 200b).[33]

Eine solch zwingende Wirkung schreibt Platon in derselben Rede auch dem Argument – und das bedeutet dann der Wahrheit – zu. Der Wahrheit kann man sich nicht entziehen, sie zwingt einen, das bessere Argument und damit sie anzuerkennen: »Nein, vielmehr der Wahrheit kannst du nicht widersprechen, [...] denn Sokrates zu widersprechen, wäre gar nicht schwer.« (Platon, Symposion 201c). Die Parallele zwischen Eros und Logos wird aber nicht nur in Platons *Symposion* deutlich, sondern auch in seinem berühmten Höhlengleichnis.

Diejenigen, die die Gefesselten aus der Höhle führen, müssen Zwang anwenden, damit diese ihnen folgen und aus der Höhle der Unwissenheit befreit werden. Der Zwang wird also auch hier angewendet, damit eine Art der Befreiung und des Erkenntnisgewinns gelingt. Diejenigen, die in der Höhle festgekettet waren und die Schatten an der Wand für die wahre Wirklichkeit nahmen, bedürfen dieses Zwangs, um aus dieser Situation befreit zu werden.

Die Schilderungen des Höhlengleichnisses sind dabei eine Allegorie auf die menschliche Natur. So wie der Entfesselte als der ratgebende Seelenteil interpretiert wird, der in die

Höhle zurückkehrt, um den noch Gefesselten zu berichten, wohin man gehen kann und was man sehen und erleben kann, wenn man sich befreit, so kann der Zwang, der von diesen Führern ausgeübt wird, auch als ein Hinweis auf den Zwang gelesen werden, den Logos und Eros ausüben. Die Führer sind Sinnbild des Eros als Antrieb durch Begierde, und sie sind Sinnbild des Logos als argumentative Notwendigkeit, die den Begriffen inhärent ist. Der so Geführte kann nicht länger in seiner Unkenntnis verharren, er muss sich der Entwicklung des eigenen Selbst und den anderen Menschen zuwenden, was ihm als Gefesseltem unmöglich war.

Die argumentative Notwendigkeit und der belebende Zwang zur Hinwendung, Fürsorge und Verbindlichkeit dem Anderen gegenüber, die die Höhlenführer wahrnehmen, sind demnach auch bei Platon Kräfte, die als Voraussetzungen zur Befreiung beschrieben werden. Letztlich ist diese Befreiung aber zumindest bei Platon eine Entwicklung des Selbst hin zu einem autonomen Wesen, das ein guter Bürger für seine Polis, sein Gemeinwesen, ist. Die logischen und emotionalen Fähigkeiten des Menschen erlauben es ihm, sich zu einem Wesen zu entwickeln, das eine gewisse Kontrolle über sein Handeln und Planen für sich und andere hat, denen er sich verbunden fühlt. Er kann mithin Absichten entwickeln und verfolgen, Vorstellungen von möglichen Zuständen und Regeln entwerfen, die nicht gelten, aber doch gelten sollten. Er kann das, weil ihm das sein begriffliches Denken ermöglicht und weil ihn sowohl die Freude am Denken als auch die Sorge um das Wohl der ihm Zugehörigen dazu bewegen, es auch zu tun, nämlich zu handeln, zu denken und zu planen.

Im Verhältnis von Vernunft und Gefühl lassen sich noch weitere aufschlussreiche Parallelen ausmachen, die zeigen, dass es sich dabei nicht um zwei stets entgegengesetzte oder gar einander widersprechende Vermögen zum Verstehen der Welt handelt. Emotionen und Logik sind nicht unabhängiger voneinander, als es andere Gegebenheiten in der Welt und

Logik sind. Es ist nicht leicht, zu erklären, was damit gemeint ist. Hierbei geht es zum einen um so einfache logische Folgerungsbeziehungen wie »Wenn A, dann nicht B«, die auf vieles in der Welt und so auch auf Emotionen zutreffen. »Wenn der Balkon nass ist, dann ist er nicht trocken«; oder »Wenn ich Angst habe, freue ich mich nicht.«

Ludwig Wittgenstein hat im Anschluss an seine Philosophie des *Tractatus* an einem einfachen Beispiel verdeutlicht, dass Logik nicht unabhängig von den Gegebenheiten in der Welt ist. »Jeder der beiden Sätze ›Müller steht auf diesem Stuhl‹ und ›Schmitz sitzt jetzt auf diesem Stuhl‹ versucht in gewissem Sinne ein jeweiliges Subjekt auf den Stuhl zu setzen. Doch das logische Produkt dieser Sätze wird sie auf einmal dorthin setzen, und das führt zu einem Zusammenstoß, zu einer wechselseitigen Ausschließung dieser Sätze.«[34]

Die Annahme, Sprache und Wirklichkeit hätten eine gemeinsame Form, gibt Wittgenstein auf, weil er feststellt, dass die Logik nicht unabhängig von der Wirklichkeit ist – was sie aber sein müsste, wenn sie das unabänderliche Apriori wäre, das Wirklichkeit und Sprache als gemeinsame Struktur zugrunde liegt. Wenn die Logik jedoch nicht unabhängig von der Wirklichkeit ist, ist die Wirklichkeit dann vielleicht frei von der Logik? Sie ist so wenig frei von der Logik wie sie frei ist von Begriffen. Wie man zu Begriffen kommt, wurde bereits im ersten Kapitel dargelegt. Begriffe sind immer schon in Handlungen und damit in unseren Umgang mit und in der Welt eingelassen.

Mit Logik ist hier das Element in unserem Sprechen und Denken gemeint, das es uns erlaubt, Folgerungsbeziehungen herzustellen: »Wenn A der Fall ist, kann dann auch B der Fall sein oder schließt A B aus?« Solche Folgerungsbeziehungen bestehen auch bei Emotionen. So mag uns die plötzliche, akute Angst um einen anderen Menschen anzeigen, dass er uns sehr viel mehr bedeutet, als wir bisher angenommen hatten. Die beiden Emotionen, die der Angst um eine vertraute Person und die der Zuneigung oder Liebe zu dieser

Person, verweisen also aufeinander. Die emotionalen Zustände sind mithin aufeinander bezogen: Sie stehen in einem Verweisungsverhältnis oder schließen einander aus.

Eine weitere, schon genannte Verbindung zwischen Vernunft und Gefühl besteht darin, dass Emotionen und Gefühle Gründe sein können. Um dies weiter zu verdeutlichen, soll noch einmal ausführlicher auf einen Ausschnitt aus *Mysteries of Love* von Harry Frankfurt eingegangen werden.

Frankfurt reflektiert dort darüber, ob beziehungsweise warum ein Mann, wenn er zwei Ertrinkende sieht, von denen er nur eine Person retten kann und eine seine Frau ist, seine Frau retten sollte. Er sollte und darf es nicht nur, weil es seine Frau ist, schließlich könnte es sein, dass er seine Frau loswerden möchte. Er sollte und darf es nach Frankfurt hingegen, weil er sie liebt. »Wenn der Mann nicht die Verzweiflung der Frau, die er liebt, als besonderen Grund erkennt, sie und nicht den ihm Fremden zu retten, liebt er sie überhaupt nicht aufrichtig. Denn«, so Frankfurt weiter, »jemanden oder etwas zu lieben bedeutet unter anderem, dass man seine Bedürfnisse und Belange als *Gründe* heranzieht, diesen Belangen und Bedürfnissen zu dienen.« Liebe ist daher ihrerseits eine Quelle für Gründe, durch die sorgende Handlungen angeregt werden.

Jemanden zu lieben kann demnach ein guter Grund und damit auch eine gute Begründung sein, so zu handeln, wie man handelt. Der Mann, der die von ihm geliebte Frau anstelle des ihm Fremden gerettet hat, hatte einen guten Grund so zu handeln, wie er gehandelt hat. Er hat in diesem Sinne also nicht irrational, sondern durchaus vernünftig gehandelt. Sein zur praktischen Rationalität gehörendes Werte- und Evaluationssystem rechtfertigt diese Handlung und ermöglicht es so, ein vernünftiges Leben zu führen.

Wenn Emotionen Gründe sein können, haben sie dann ihrerseits selbst einen Grund? Oder gibt es auch grundlose Emotionen? Was ist beispielsweise mit grundlosen Ängsten? Eine solche Angst beschreibt Wolfgang Hildesheimer in *Mittei-*

lungen an Max: »In New York werde ich Dich wohl kaum besuchen, denn ich fliege nicht. Ich besteige kein Transportmittel, das in dem Element, in dem es sich vorwärtsbewegt, sich nicht auch rückwärtsbewegen oder stehenbleiben kann.«[35] Die Flugangst ist für den in der Schweiz weilenden Wolfgang Hildesheimer ein Grund, Max Frisch in New York nicht zu besuchen. Aber ist seine Flugangst auch vernünftig? Angesichts der Unfallstatistiken ist es hinlänglich bekannt, dass es gefährlicher ist, Auto zu fahren als als zu fliegen. Hildesheimers wohl formulierte Bevorzugung des Autos (oder Schiffes) als Transportmittel gegenüber dem Flugzeug ist daher nicht gut begründet und in diesem Sinne wenig vernünftig oder rational. Sind rein rationale Gründe dann also nicht doch vernünftiger als emotionale? In diesem Fall wären sie es wohl, aber wir haben in den Ausführungen Damasios und DeSousas auch gesehen, dass die rein rationalen Gründe ohne emotionale Beteiligung des Entscheidenden nicht oder zu spät zur Geltung gelangen.

Emotionen, Gefühle und Bewusstsein

Selbstbewusstsein und Emotionen oder Gefühle

Um zu verdeutlichen, welch unterschiedliche Formen und Funktionen des Selbstbewusstseins mit Emotionen und Gefühlen einhergehen, werden noch einmal verschiedene Emotionen und Gefühle betrachtet. Diese Betrachtung wird zum einen zeigen, inwiefern im Verhältnis von Bewusstsein und Emotionen das phänomenale Bewusstsein im Mittelpunkt der Analyse steht und im Verhältnis von Bewusstsein und Gefühlen das reflexive Bewusstsein, das bei in die Zukunft weisenden Überlegungen und Planungen eine Rolle spielt. Dabei wird auch in einem ersten Schritt die Frage diskutiert, welche Vorgänge bei affektiven Prozessen unbewusst sein können und welche nicht.

Als Beispiele für Emotionen und Gefühle sollen erneut Angst und Weltangst sowie Verliebtheit und Liebe herangezogen werden. Angst als Emotion mag sich, wenn man mit einer akut bedrohlichen Situation konfrontiert wird, in der Erhöhung der Pulsfrequenz, einem Schweißausbruch, einem Adrenalinschub oder einer Fluchtbewegung manifestieren. Hinzu kommt, dass die betreffende Person diese Angst als Angst empfindet, was sie dazu veranlasst zu fliehen. Dafür ist ein phänomenales Bewusstsein erforderlich. Angst im Sinne einer Weltangst, die auch im Englischen mit dem deutschen Wort »Angst« bezeichnet wird, ist hingegen eine Sicht auf das Geschehen und das Leben, die mit weitaus schwächeren körperlichen Symptomen einhergeht, Entscheidungen und Pläne jedoch erheblich beeinflusst und längerfristig wirksam ist. Sie erfordert ein reflektives Bewusstsein, das praktische Überlegungen anstellen kann. Gefühle setzen mithin ein Selbst voraus, das Handlungen, Absichten, Ziele und Pläne auf sich selbst als eine Einheit beziehen kann und sich nicht nur phänomenal als eine solche erlebt.

Eine ähnliche Unterscheidung lässt sich im Falle von Verliebtheit einerseits und der dauerhaften Liebe zwischen Lebenspartnern andererseits feststellen. Die akute Verliebtheit geht mit »Schmetterlingen im Bauch«, Schlafstörungen, Essproblemen etc. einher. Lang anhaltende Liebe wird durch die Sorge um das Wohlergehen des Anderen, die gemeinsamen Unternehmungen, Denkweisen und Pläne charakterisiert. Das physiologische Moment tritt hier stark zurück. Im Falle der Liebe kommen noch weitere interessante Aspekte hinzu, wie etwa die Eltern-Kind-Liebe, die auch evolutionsbiologische Erklärungen und eine Beschreibung als Beistandsverhalten erlaubt.

Es ist offensichtlich, dass Emotionen und Gefühle die Menschen in jeweils unterschiedlicher Weise veranlassen, etwas zu tun. Das bedeutet, dass sie Verhalten in zeitlicher Hinsicht entweder unmittelbar oder aber auch sehr mittelbar verursachen. Emotionen wie Angst haben diesen Effekt in geringem zeitlichem Abstand zu der die Angst hervorrufenden Situation. Gefühle wie das der Lebensangst beeinflussen hingegen auch unsere Lebensplanung wie etwa die Berufswahl, für die Sicherheitserwägungen eine mehr oder weniger große Rolle spielen, oder auch die Flexibilität in der Wahl des Lebensmittelpunktes etc. Gefühle spielen mit anderen Worten eine große Rolle dabei, wie wir unser Leben für uns entwerfen und wer wir sein werden. Sie betreffen mithin unseren jeweiligen Selbstentwurf, wie reflektiert dieser auch immer zustande gekommen sein mag.

Wie wir am Fall von Damasios Patienten Eliot gesehen haben, haben zwar auch Emotionen beziehungsweise die Fähigkeit zu Emotionalität Auswirkungen darauf, wer wir sind. Das Beispiel mag auch dafür herangezogen werden, dass die Fähigkeit zur Reflexion über das eigene Leben und die eigenen Absichten und Wünsche von der Fähigkeit zu emotionalem Erfahren abhängt. Für die Weise der Lebensgestaltung spielen

Gefühle allerdings eine ungleich größere Rolle. Und wie gerade erwähnt, sind auch die Formen des Bewusstseins, des Selbstverhältnisses und der (Selbst-)Reflexion jeweils durchaus verschieden.

So läge es vielleicht nahe, das bei emotionalen Prozessen beteiligte Bewusstsein mit dem Begriff des aktualen Bewusstseins in Verbindung zu bringen und Gefühle mit dem sogenannten Hintergrundbewusstsein zu verknüpfen. Damit würde man der in der Forschung diskutierten Aufteilung des Bewusstseins in Aktualbewusstsein und Hintergrundbewusstsein folgen. Als Aktualbewusstsein werden sensorische Erfahrungen, Emotionen, Denken sowie Erinnern bezeichnet, als Hintergrundbewusstsein das Erleben der eigenen Identität, des Körpers als eigenen Körper, die Autorschaft bezüglich der eigenen mentalen Akte und Handlungen, die Verortung des eigenen Körpers in Raum und Zeit sowie das Vermögen zur Differenzierung zwischen Realität und Vorstellung.

Dass diese Zuordnung die Sache nicht trifft, erkennt man allerdings bereits daran, dass Menschen, wenn sie Emotionen empfinden, den Körper als eigenen erleben und damit auch eine Verortung in Zeit und Raum. Den Körper als eigenen zu erleben und sich selbst in Raum und Zeit zu verorten sind der genannten Aufteilung nach jedoch Merkmale des Hintergrundbewusstseins, das daher nicht nur einer näheren Charakterisierung von Gefühlen und dem damit einhergehenden (Selbst-)Bewusstsein dienen kann.

Eine andere Einteilung der verschiedenen Formen des Bewusstseins, die sich in zahlreichen Veröffentlichungen findet, könnte hilfreicher sein. Bewusstsein lässt sich danach in subjektive Erfahrung (zum Beispiel sensorische Erfahrung), reflexives Bewusstsein (Gedanken zweiter Stufe über Gedanken erster Stufe) und Aufmerksamkeit (Wachsamkeit, Aktivierung des Zentralnervensystems) unterscheiden. Emotionen gehören nach dieser Einteilung zur subjektiven Erfahrung, und Gefühle gehören zum reflexiven Bewusstsein,

56

weil sie voraussetzen, dass man sich Gedanken über seine Gedanken machen kann. So denkt man beim Heimweh an die Trennung von den Lieben, der vertrauten Umgebung, die Gespräche, die man vermisst, und die gewohnte Ordnung seines Zuhauses. Es ist in diesem Sinne etwas anderes als ein akuter Trennungsschmerz, der mit einer stärker physiologischen Reaktion einhergeht.

Werden Emotionen eher dem subjektiven Bewusstsein zugeordnet und Gefühle dem reflexiven, scheint die Frage, ob Emotionen und Gefühle auch unbewusst ablaufende Prozesse sein können, unsinnig zu sein. Ist es also nur eine verfehlte Redensart, wenn wir von unbewussten Emotionen und Gefühlen reden? Was untersuchen Psychologen, wenn sie unbewusst ablaufende emotionale Prozesse nachweisen?

Dieser Aspekt wurde bereits im Kontext der Frage erörtert, ob Emotionen mit automatisch ablaufenden Einschätzungen einhergehen (Beispiel Angst: die Situation wird als nachteilig, gefährlich eingeschätzt). Automatisch ablaufende Einschätzungen können nämlich auch unbewusst erfolgen. Es lassen sich also unbewusste Einschätzungen von solchen unterscheiden, die als Emotionen in bewussten münden. Dagegen geht die Evaluierung bei stärker kulturell geprägten Gefühlen wie Liebe oder Nostalgie nicht mit automatisch ablaufenden Einschätzungsprozessen einher, sondern mit solchen, die eine höhere Form des Bewusstseins voraussetzen und mit Bewertungen verbunden sind. Die Frage, ob auch solche Einschätzungsprozesse, die nicht automatisch ablaufen, unbewusst bleiben können, ist bisher jedoch noch nicht diskutiert worden.

In Alltagsdiskursen gehen wir davon aus, dass dies der Fall ist. Wir sagen dann etwa, dass das Leben von Otto durch eine Angst geprägt wird, die ihm bisher nicht bewusst geworden ist. Wir meinen damit, dass Menschen, die sich so verhalten wie Otto, ein Angstverhalten zeigen, während es Otto selbst weder bewusst sein muss, dass er ein solches Verhalten offenbart, noch dass er Angst empfindet. Die Zuschreibung ist also eine Fremdzuschreibung, keine Selbstäußerung. Wir können daher auch nicht sagen, ob Ottos Verhalten tatsächlich affektive Einschätzungen und Bewertungen zugrunde liegen, von denen wir dann unter Umständen sagen könnten, sie seien unbewusst. Mit der Fremdzuschreibung wird behauptet, dass Otto nicht über die möglichen Motivationen für das eigene Handeln und die eigenen Wünsche reflektiert. Täte er dies, würde er unter Umständen feststellen, dass die Motive für sein Tun und Streben in seinem Angstverhalten zu finden sind.

Bis hierher sind erst einige der Aspekte angesprochen worden, die im Zusammenhang mit affektiven Prozessen und Bewusstsein eine Rolle spielen. Festzuhalten ist, dass rudimentäre Formen des Bewusstseins in Form des sensorischen Bewusstseins mit allen emotionalen Prozessen einhergehen (auch bei Tieren). Bei Menschen liegt dabei auch stets phänomenales Bewusstsein vor, denn wir empfinden die Angst als Angst.

Bei emotionalen Prozessen, die nicht bewusst werden, lässt sich hingegen nicht von Emotionen reden, sondern nur davon, dass die mit Emotionen einhergehenden Einschätzungsprozesse unbewusst verlaufen. Gefühle setzen hingegen eine höhere Form des Bewusstseins voraus, das sich als denkende, handelnde und planende Einheit versteht. Diese Form des Selbstbewusstseins ist gemeint, wenn von Personen die Rede ist, die über Reflektiertheit als Vermögen verfügen.

Wenngleich es bei dem im Folgenden vorgestellten Bewusstseinsmodell von Damasio oft den Anschein hat, als umfasse dieses Modell auch die höheren Formen des Bewusstseins, sollten wir vor Augen haben, dass dem nicht so ist. Damasios Ansatz ist im vorliegenden Zusammenhang von Interesse, weil er davon ausgeht, dass Fühlen eine Voraussetzung für die evolutionäre Entstehung des Bewusstseins ist. Nachfolgend wird also das naturgeschichtliche Verhältnis von Fühlen (dieses umfasst bei Damasio affektive Prozesse) und Bewusstsein erörtert.

Damasios Theorie des Bewusstseins und Emotionen

Die Frage höherer Formen des Bewusstseins greift auch Antonio Damasio auf. Bei Damasio entsteht Bewusstsein durch die Durchdringung von Kognition und Emotion. Phänomenal nicht bewusste, also unbewusste Einschätzungen – Damasio spricht auch hier von Emotionen –, die rein sensorische Repräsentationen sind, tragen dazu bei. Die daraus resultierende Form des Bewusstseins ist dann aber noch kein höheres Bewusstsein. Die weiter reichende Frage ist daher, wie wir zu höheren Formen des Bewusstseins und damit zu einem Selbstverhältnis kommen, das mehr ist als eine Instanz für bewusste Wahrnehmungsprozesse. Eine noch weiter reichende Frage wäre, wie wir zu einem emotionalen Bewusstsein gelangt sind, das nicht nur phänomenal bewertet, sondern in einem genuinen Sinne normativ urteilen (»Du sollst das nicht tun«) kann. Fragen dieser Art versucht Damasio in seinem Werk mit dem deutschen Titel *Ich fühle, also bin ich* zu beantworten.

Die physiologischen Körperzustände (wie Blutdruck, Herzschlag, Aktivität der Eingeweide), die im Gehirn repräsentiert werden und in einer Art Bewertung bestimmte Vorgänge meist unbewusst markieren, heißen bei Damsio »somatische Marker«.[36] Diese Marker werden vom emotionalen Gedächtnis miterzeugt, und da das emotionale Gedächtnis zum impliziten und damit dem Bewusstsein nicht ohne Weiteres zugänglichen Gedächtnis gehört, sind wir uns dieser Bewertungen oft nicht bewusst. Bewertungen, zu denen das affektiv-emotionale Erfassen einer gegenwärtigen Situation ebenso gehört wie der Vergleich dieser Situation mit Inhalten des emotionalen Gedächtnisses, finden im gesamten Gehirn statt. Unbewusste Evaluationen werden im Gedächtnis gespeichert und für die Verhaltenssteuerung benutzt. Deutlich wird, dass es *das* Gedächtnis (als ein quasi eigenständiges Organ) nicht gibt. Vielmehr verfügen wir, die wir ein Gedächtnis haben, über die Fähigkeit, uns zu erinnern. Das emotionale Gedächtnis ist dann auf die Fähigkeit bezogen, sich an emotional erlebte Situationen zu erinnern.

Obgleich Emotionen für Damasio sensorische Wahrnehmungen des Zustands des inneren Milieus unseres Körpers sind, bezeichnet er Emotionen auch als nach außen gerichtete, öffentliche Phänomene (Lachen, Fluchtverhalten, Weinen etc.), die durch Gefühle (das sind bei Damsio phänomenal wahrgenommene Empfindungen) auf den Geist wirken, welche nach innen gerichtet und privat sind. Die Wirkung von Gefühlen bedarf allerdings ihrerseits des Bewusstseins, weil das Individuum nur mithilfe eines Selbst-Sinns erkennen kann, dass es Gefühle hat. Unter »Gefühl« versteht Damasio, im Gegensatz zur nach außen gerichteten Emotion, die private, mentale Erfahrung einer Emotion. Auf Emotionen folgen Gefühle, die dann wiederum Emotionen hervorrufen. Für Damasio ist das Verhältnis von Emotionen und Gefühlen so zu verstehen, dass das Bewusstsein Gefühle dem Erkennen zugänglich macht und damit die innere Wirkung von Emotionen unterstützt: »So gesehen ist Ihre Präsenz das Fühlen dessen, was geschieht, wenn Ihr Sein durch einen Wahrnehmungsakt verändert wird.«[37] Was dieses Fühlen oder dieses Gefühl ist, wird allerdings nicht genau dargelegt. Klar ist, dass es sich nicht um eine empfundene Emotion handeln kann, denn für Damasio sind Bewusstsein und wahrgenommene Emotion nicht zu trennen. Wahrgenommene Emotionen setzen Bewusstsein bereits voraus und dieses wiederum das fragliche Gefühl: »[…] irgendeine Form des Selbst-Sinns ist erforderlich, um die Signale, die das Empfinden einer Emotion konstituieren, dem Organismus, der die Emotion hat, zur Kenntnis zu bringen.«[38]

Für Damasio ist es also sehr wichtig, dass dieses Gefühl eine Art des unbewussten Gefühls sein muss, um nicht einen Zirkelschluss zu begehen. Er verweist, wie bereits gesehen, aus diesem Grund auch zunächst auf unseren Körper als Repräsentation in unserem eigenen Gehirn – der Zustand des lebendigen Körpers in seinen vielen Dimensionen wird ständig *unbewusst* repräsentiert. Diesen Aktivitätszustand bezeichnet er als Proto-Selbst, ein unbewusster Vorläufer jener Stufe des Selbst, die als Bewusstsein in Erscheinung tritt. Um es noch einmal kurz zusammenzufassen: Detektiert werden vom Gehirn vegetative Veränderungen wie eine Beschleunigung des Herzschlages, schwitzende Handflächen, ein erhöhter Blutdruck oder veränderte Hormonkonzentrationen im Blut. Körperzustände werden auf zwei Ebenen im Gehirn abgebildet. Unsere Sinneswahrnehmungen, sowohl die unseres eigenen Körpers als auch die eines Objektes im Sehfeld, sind Repräsentationen erster Ordnung. Die Wahrnehmung unseres Körpers als unseres eigenen Körpers – also die Wahrnehmung des Organismus als Repräsentation in seinem eigenen Gehirn – ist eine Voraussetzung für die Entstehung des Bewusstseins. Neben diesen Repräsentationen erster Ordnung gibt es noch codierte Abbildungen zweiter Ordnung, die die Beziehung zwischen den verschiedenen Objekten erster Ordnung abbilden.

Damasios Kernthese, nach der die Geburt des Bewusstseins mit der Entstehung des Kernbewusstseins zusammenfällt, ist, da Bewusstsein erst entsteht und noch nicht vorausgesetzt werden kann, zum einen davon abhängig, dass es unbewusste Gefühle gibt, und zum anderen davon, dass es eine Möglichkeit der nicht sprachlichen Repräsentation gibt. Letzteres muss er voraussetzen, da der Organismus als Repräsentation in seinem eigenen Gehirn, der ständig unbewusst den Zustand des lebendigen Körpers in seinen vielen Dimensionen repräsentiert, Voraussetzung für die Entstehung des Bewusstseins ist (Proto-Selbst). Und auch das Kernbewusstsein liegt nach Damasio nur vor, wenn Repräsentationsmechanismen des Gehirns eine nicht sprachliche Wiedergabe erzeugen, in der niedergelegt ist, wie der eigene Zustand des Organismus davon beeinflusst wird, dass er ein Objekt verarbeitet. Die Repräsentation muss eine nicht sprachliche sein, womit Damasio die problematische These zu vertreten hat, dass es eine einfache Erzählung ohne Worte geben kann.[39]

Damasio stellt sich eine nicht sprachliche Wiedergabe von Wahrgenommenen als nicht sprachlichen Merkposten von logisch aufeinander bezogenen Ereignissen vor. Damasio vertritt damit auch die These, dass die Logik bereits in der Welt und in den Dingen steckt und nicht erst eine Angelegenheit unserer Begrifflichkeit ist. Für Philosophen ist diese Annahme einigermaßen unverständlich. Denn was soll es heißen, dass die Dinge nicht nur in ursächlichen, sondern gar in logischen Beziehungen der Folgerung und Ableitung zueinander stehen?

Damasios Bewusstseinsmodell umfasst nicht Reflektiertheit als höhere Form des Bewusstseins, bei dem man das Selbst als eine Einheit verstehen muss, auf die es seine Absichten, Pläne und Wünsche bezieht. Das Modell wird aber, wie wir später sehen werden, in der Philosophie des Geistes herangezogen, um Emotionen als Erscheinungsformen des phänomenalen Bewusstseins in Repräsentationsmodelle des Bewusstseins zu integrieren.

Phänomenales Bewusstsein und höhere Formen des Bewusstseins

Kann phänomenales Bewusstsein unbewusst bleiben? Wenn ja, lässt sich das auf Emotionen und Empfindungen übertragen, können auch sie entgegen dem bisher Behaupteten unbewusst bleiben? Was sind höhere Formen des Bewusstseins?

Michael Tye versucht, diese Fragen in einer Weise zu klären, die für das Verhältnis von Bewusstsein und Emotionen vielversprechend sein könnte. Dafür greift er auf folgendes Beispiel zurück:

»Bei längerem Fahren ertappe ich mich gelegentlich dabei, wie ich ganz in Gedanken verloren einige Kilometer zurückgelegt habe. Während dieser Zeit halte ich meinen Wagen auf der Straße […], jedoch bin ich mir des Autofahrens nicht bewusst. Später ›komme ich zu mir‹, und mir wird klar, dass ich einige Zeit gefahren bin, ohne ein klares Bewusstsein dieser Tätigkeit gehabt zu haben.«[40]

Diesen Fall analysiert Tye folgendermaßen: Der Autofahrer hat kein Bewusstsein seiner visuellen Wahrnehmungen. Nur dadurch, dass er einen Gedanken höherer Ordnung hat, wird er sich des Zustandes der höheren Ordnung bewusst.[41]

Man könnte natürlich darüber diskutieren, ob es sich in diesem Beispiel nicht eher um einen Wechsel der Fokussierung der Aufmerksamkeit handelt als darum, in einem Zustand höherer Ordnung zu sein. Ein anderes Beispiel mag hier weiterhelfen: Eine Mutter liest ihrem Sohn abends im Bett laut vor, dabei denkt sie an etwas ganz anderes, dennoch liest sie den Text korrekt vor, weiß dabei aber nicht, was sie im Einzelnen liest. Dieses Lesen ist insofern ein bewusstes Lesen, als die Mutter sich vorgenommen hat, dem Kind etwas vorzulesen, und sogar während des Lesens, bei dem sie an etwas anderes denkt, denken kann, dass sie eigentlich ihrem Sohn etwas vorliest, dabei aber an etwas anderes denkt und dass das ein bemerkenswerter Zustand ist.

Dieses »Wissen über« ist sicher ein höherer Zustand des Bewusstseins. Aber was ist dieses Lesen? Wenn die Mutter liest *und* die vorgelesene Geschichte dabei bewusst mitverfolgt, weiß sie in einem doppelten Sinne, was sie tut: Sie weiß, dass sie liest, und sie weiß, was sie liest. Wenn sie liest, ohne dass sie mitverfolgt, was sie liest, weiß sie es nur in einem einfachen Sinne, denn sie weiß dann nur, dass sie die Handlung des Lesens vollzieht, aber sie weiß im Einzelnen nicht, was sie liest. Es handelt sich also nicht um ein einfaches Problem der Fokussierung der Wahrnehmung, vielmehr geht die bewusste Handlung mit einem Wissen einher, mit dem die »unbewusste« nicht einhergeht.

Damit das so genannte unbewusste Lesen zu einem bewussten wird, reicht es aber nicht aus, irgendeinen höheren Zustand des Bewusstseins einzunehmen, denn der Zustand, in dem jemand liest und gleichzeitig darüber nachdenkt, dass er zwar liest, aber an etwas anderes als das Gelesene denkt, ist sicher auch eine Form eines höheren Zustandes des Bewusstseins. Entscheidend ist, dass sich die Bewusstheit nicht auf die Handlung oder Wahrnehmung bezieht, die gerade vollzogen wird. Ob die von Tye getroffene Einteilung ausreicht, um unbewusste Vorgänge von bewussten zu unterscheiden, ist also fraglich.

Mit den nun folgenden Beispielen von Tye nähern wir uns wieder insofern mehr dem Thema Emotionen, Gefühle und Bewusstsein, als phänomenal bewusst wahrgenommene Empfindungen und Wahrnehmungen sowie phänomenal bewusst wahrgenommene Emotionen sich in wesentlichen Punkten sehr ähnlich sind.

- Empfindungen ohne Bewusstsein. Tyes Beispiel: Ich habe Kopfschmerzen, werde beim Arbeiten abgelenkt und bemerke während dieser Phase der Ablenkung den Schmerz nicht. Nach der Phase der Ablenkung ist der Schmerz wieder spürbar. Nach Tye liegt hier ein phänomenales Bewusstsein, aber keines höherer Ordnung vor.
- Empfindung nach dem Aufwachen: Nach dem Aufwachen empfinde ich starken Schmerz. War er zuvor in irgendeinem Sinne für mich vorhanden? Hatte ich Schmerzen?
- Eine Farbe sehen, ohne sie zu sehen: Herr Tye sitzt vor einer blauen Mauer und schaut sie an. Eine Zeit lang »sieht er sie nicht mehr«, obgleich seine Augen immer noch darauf gerichtet sind. Auch hier liegt nach Tye phänomenales Bewusstsein, aber keines höherer Ordnung vor.

Ob nun Verliebtheit, Farbwahrnehmung oder Kopfschmerz: Man kann sich in allen drei Fällen dessen bewusst sein oder auch nicht, weil man mit etwas anderem beschäftigt ist, die Aufmerksamkeit woanders ist. Aber was fehlt, wenn man sich dessen nicht bewusst ist? Das phänomenale Bewusstsein oder ein Bewusstsein höherer Ordnung? »Für mich ist es irgendwie, jede der einzelnen [bewussten oder unbewussten] Arten von Schmerzen zu haben, es gibt irgendeine phänomenale Eigenschaft, derer ich gewahr *wäre*, wenn ich mir der

Schmerzen (im Sinne eines höheren Zustandes) bewusst *wäre*.«[42] Trotz dieses Konjunktivs sagt Tye, dass im Falle der Schmerzen, von denen man abgelenkt ist, ein phänomenales Bewusstsein vorhanden ist, aber die Schmerzen im Sinne eines Bewusstseins höherer Stufe unbewusst sind. An anderer Stelle heißt es: »Das Bewusstsein, das dem Fahrer fehlt, ist kein phänomenales Bewusstsein. Seine Blindheit ist kognitiv. Er bemerkt den phänomenalen Charakter seiner visuellen Zustände nicht. Aber die Zustände haben trotzdem einen solchen Charakter.«[43]

Gegen Tye sei hier die Ansicht vertreten, dass weder ein phänomenales noch ein Bewusstsein höherer Stufe in einem solchen Fall vorliegen. Dennoch hört der Schmerz *in einem bestimmten Sinne* nicht auf, wenn die Aufmerksamkeit der betroffenen Person abgelenkt ist. Was will Tye damit sagen, dass Schmerzen und Emotionen oder visuelle Wahrnehmungen unbewusst, aber phänomenal bewusst seien? Das Phänomenale ist doch der Definition nach das sich Zeigende, das, was in Erscheinung tritt – wie soll das unbewusst sein können?

Was Tye doch eigentlich diskutiert, ist der Fall, dass es Formen der Wahrnehmung gibt, auf die eine Person durch einen Akt der Reflexion, das höhere Bewusstsein Bezug nehmen kann, ohne dass diese Wahrnehmungen zuvor phänomenal bewusst waren. Wie der Vorleser-Fall zeigt, muss man dafür nicht von einer niedereren Form des Bewusstseins in eine höhere wechseln. Damit die nicht phänomenal bewusste Wahrnehmung bewusst wird, ist das höhere Bewusstsein vielmehr auf den unbewusst verbliebenen Vorgang zu beziehen.[44] Im Vorleser-Fall gelingt das übrigens nur eingeschränkt, da die Mutter, indem sie das Bewusstsein wieder auf das Lesen lenkt, nur sehr eingeschränkt auch die Informationen wiedergewinnen kann, die ihr nicht bewusst geworden sind, als sie gelesen und dabei an etwas anderes gedacht hat. Dennoch hat Tye recht damit, dass der Schmerz in einem bestimmten Sinne nicht aufhört, wenn unsere Aufmerksamkeit abgelenkt ist. Denn die körperlichen Symptome, die, wenn die Aufmerksamkeit auf sie gerichtet ist, mit Schmerz einhergehen, bleiben bestehen. Das Schmerzempfinden ist nicht darauf zu reduzieren, dass die Aufmerksamkeit auf bestimmte körperliche Symptome gerichtet ist. Denn die Schmerzempfindung hat eine eigene Qualität, die nur dann auftritt, wenn ich den Schmerz auch empfinde. Sie kommt zu den körperlichen Symptomen hinzu. Man kann Schmerzen betäuben. Als Migränepatient weiß man dann etwa, dass man noch Migräne hat, verspürt aber keinen Schmerz mehr, weil er betäubt ist. Die körperlichen Symptome sind noch vorhanden, aber die Schmerzempfindung nicht mehr.

Aus diesen Beispielen ergibt sich, dass jemand nur deshalb von seinem Schmerzsymptom als Schmerzsymptom weiß, weil er einmal Schmerzen empfunden hat. Und nur weil ich eine Landschaft bereits einmal als Landschaft wahrgenommen habe, kann ich an etwas anderes denken und es mir leisten, sie nicht bewusst wahrzunehmen. Das (phänomenale) Bewusstsein, so meine Behauptung, geht in diesen Fällen dem Unbewussten voraus, sonst könnten wir das Unbewusste als solches nicht identifizieren. Da wir es aber können, können wir gleichzeitig auf zwei Ebenen agieren – in Bezug auf die unbewusste Wahrnehmung beim Autofahren (Schalten, Bremsen, Beschleunigen) und in Bezug auf die bewusst verfolgten Gedanken.

Bewusstsein als Aufmerksamkeit ermöglicht lediglich eine Reaktion auf Ereignisse. Die Möglichkeit, die Aufmerksamkeit von bewusst Erlebtem auf automatisierte Abläufe lenken zu können, ermöglicht es uns hingegen, mehrere Ziele gleichzeitig zu verfolgen sowie Handlungs- und Denkebene zu trennen (Autofahren und gleichzeitig an etwas anderes denken).

Phänomenales Bewusstsein, wie wir es haben, wenn wir Emotionen empfinden, kann in dem erörterten Sinn also nicht unbewusst sein, denn dann ist es ja bewusst.

Philosophie des Geistes:
Repräsentationstheoretische Ansätze des phänomenalen Bewusstseins und Emotionen

In der gegenwärtigen Literatur werden die Begrifft »Gefühl« und »Bewusstsein« ganz unterschiedlich verwendet. So redet der Neurowissenschaftler Antonio Damasio – auf den sich auch zahlreiche Philosophen des Geistes beziehen – an mehreren Stellen von Gefühlen (feelings), was eigentlich mit Empfindungen übersetzt werden sollte, um später zu Gefühlen oder Emotionen (emotions) überzugehen. Dementsprechend beziehen sich auch die Äußerungen, denen zufolge solche Empfindungen oder Gefühle mit Bewusstsein einhergehen, auf einen Begriff von Bewusstsein, den man wohl eher als Wahrnehmungsinstanz für Empfindungen beschreiben müsste, und nicht auf einen Begriff von Bewusstsein, der letztlich auf ein umfassendes Selbstverhältnis abzielt, das Gedanken, Pläne, Wünsche und Gefühle umfasst.

In der Philosophie des Geistes werden hingegen Repräsentationstheorien des Bewusstseins aufgestellt, die, wenn sie versuchen, Gefühle und Emotionen in ihre theoretischen Ansätze einzubeziehen, wiederum auf neurowissenschaftliche Theorien, wie sie Damasio vertritt, zurückgreifen, was sie, wenn sie Theorien für andere mentale Zustände als Emotionen aufstellen, nicht tun.

Die Philosophie des Geistes beschäftigt sich mit der Klärung der Natur psychischer Phänomene. Einer ihrer wichtigsten Untersuchungsbereiche ist die begriffliche Analyse der Eigenschaften mentaler Phänomene wie Sinnesqualitäten, Subjektivität und Bewusstsein. Da auf Emotionen und Gefühle sowohl das Merkmal der Subjektivität (nur ich empfinde meine Freude) als auch das des bewussten Erlebens zutreffen, stellen auch sie einen Phänomenbereich dar, der für die Philosophie des Geistes von Bedeutung ist.

Weil Menschen aber durchaus unterschiedliche neurophysiologische Gehirnzustände haben, vermutlich aber in in vergleichbarer Weise Freude empfinden, lassen sich Gefühlszustände nicht mit neurophysiologischen Arten identifizieren, wie sich die natürliche Art Gold mit der Atomzahl 79 identifizieren lässt oder die natürliche Art Wasser mit H_2O. Gehirne sind individuell zu unterschiedlich, zudem ist das Gehirn durchaus an mehreren Stellen aktiviert, wenn ein Mensch etwa Freude empfindet. Daher müssen andere theoretische Modelle für Gefühle in den Theorien der Philosophie des Geistes angeboten werden als die über die Identifizierung mit neurophysiologischen Arten.

Einem vorherrschenden Forschungsansatz zufolge (den etwa Heinz-Dieter Heckmann und Frank Esken[45] ausführlich schildern und der, wie wir sehen werden, auch René Descartes schon bekannt war) stellen mentale Zustände wie Gefühle körpereigene oder äußere Zustände in der Welt dar – sie repräsentieren diese Zustände – und haben insofern einen repräsentativen Gehalt. Sie haben nämlich den Gehalt dessen, was repräsentiert wird. Wenn gesagt wird, dass x y repräsentiert, dann ist damit gemeint, dass y in einem, mehreren oder allen Aspekten durch x wiedergegeben oder abgebildet wird, das heißt, es wird entweder Ähnlichkeit oder Identität in einem oder mehreren Aspekten zwischen dem Repräsentierten und dem Repräsentierenden angenommen. So führt der Anblick eines Bären zu einer Angstempfindung, diese repräsentiert Gefahr, aber wie wird die Angst im Körper repräsentiert? Die Frage, wie die Angst im Körper repräsentiert wird, wäre eine Frage der Philosophie des Geistes.

Nachdem nun erläutert ist, was es bedeutet, etwas zu repräsentieren und einen repräsentativen Gehalt zu haben, soll näher erklärt werden, was mentale Zustände sind, um so besser verstehen zu können, was es heißt, dass Emotionen als mentale Zustände entweder körpereigene oder weltliche Zustände repräsentieren. Mentale oder psychische Zustände werden in der Philosophie des Geistes wie folgt unterschieden: in Gedanken (lassen sich ausdrücken und berichten),

Empfindungen (lassen sich ausdrücken, aber nicht berichten) und Wahrnehmungen (lassen sich berichten, aber nicht ausdrücken).

Das theoretische Konstrukt der internen Repräsentation, die nur dem Subjekt zugänglich ist, wurde entwickelt, um erklären zu können, warum wir die gleiche Erfahrung machen, wenn wir eine graue Wand sehen und wenn wir uns einbilden, dass wir eine graue Wand sehen. Denn wenn wir über eine interne Repräsentation einer grauen Wand verfügen, kann diese beiden Erfahrungen zugrunde liegen; einmal wird diese interne Repräsentation dann durch die graue Wand auf- oder hervorgerufen und das andere Mal durch die Einbildung oder Vorstellung einer grauen Wand.

Im Falle von Emotionen oder Gefühlen scheint es nun besonders einleuchtend zu sein, dass es interne phänomenale Zustände oder Repräsentationen gibt, die vielleicht von außen oder aber auch von Erinnerungen an Situationen ausgelöst werden, die aber vor allem ein »internes Etwas« sind, das sich für uns in einer bestimmten Weise anfühlt, die nur uns selbst zugänglich ist und nicht auch anderen. Erklärt werden könnte somit auch, warum sowohl im Falle der Emotionsauslösung in einer Situation als auch im Falle der Emotionsauslösung durch eine Erinnerung derselbe interne phänomenale Zustand zugrunde liegt.

Wenn wir nun unterstellen, dass mit einem repräsentationstheoretischen Ansatz ein richtiger Ausgangpunkt gewählt wurde, um das Verhältnis von Bewusstsein und Gefühlen näher zu untersuchen, ergibt sich sogleich das folgende wichtige Problem: Werden mentale Ereignisse durch innere Wahrnehmung (Repräsentation) bewusst? Und wenn nicht, wodurch werden sie bewusst? Die Wahrnehmung der Umwelt oder der eigenen Befindlichkeit verläuft nämlich keineswegs immer schon bewusst, sie kann auch unbewusst verlaufen.[46]

Ein bekanntes Beispiel ist der Autofahrer, der sein Auto lenkt, die Umgebung dabei nicht wahrnimmt und an etwas anderes denkt als das, was er gerade tut, oder als das, was ihn gerade umgibt. Bremst dann ein vor ihm fahrendes Fahrzeug, bremst er allerdings auch.

Ein anderes, bereits erwähntes Beispiel ist, dass ich jemanden nicht grüße und mich hinterher frage, wie ich so unhöflich sein konnte. Nun wird mir bewusst, dass ich die Person unsympathisch finde. Meine Handlung, die Verweigerung des Grußes, ist unbewusst. Erst nachdem ich den Sachverhalt reflektiert habe, kommt das negative Gefühl gegenüber der anderen Person auf.

Sind Vorgänge nun also deshalb bewusst, weil sie einen repräsentationalen Gehalt haben? Dagegen spricht, dass man seine Umgebung auch dann wahrnimmt, wenn man bewusst mit etwas anderem beschäftigt ist. Oder sind sie bewusst, weil es ein System gibt, das die Gehalte bewusst macht? Dann wären bewusste Vorgänge nur eine Teilmenge der mentalen Vorgänge oder Zustände, es gäbe dann auch unbewusste mentale Vorgänge und Zustände.

Vieles spricht aus unserer Erfahrung dafür, dass es unbewusstes Registrieren und Einschätzen gibt, das eventuell erst durch eine nachträgliche Reflexion bewusst gemacht wird. Eine theoretische Möglichkeit wäre dann, dass nicht schon das Faktum der Repräsentation zu bewusstem Wahrnehmen und Empfinden führt, sondern dass sich alle bewussten Vorgänge in einer bestimmten Weise anfühlen und mit sogenannten Qualia (phänomenalen Eigenschaften mentaler Zustände) einhergehen. Angst fühlt sich in einer bestimmten Weise wie Angst an, Freude in einer anderen bestimmten Weise wie Freude, Schmerz wie Schmerz etc. Der phänomenale oder qualitative Gehalt (Qualia) emotionaler Erlebnisse wäre dann für eine bestimmte Emotion oder ein bestimmtes Gefühl jeweils ein ganz bestimmter oder eigener. Dieser phänomenale Gehalt machte eine Emotion oder ein Gefühl dann erst zu dem, was es ist, er individuierte das emotionale Erlebnis als eine bestimmte Emotion, ein bestimmtes Gefühl. Das Quale wäre ausschlaggebend dafür, dass der Vorgang bewusst wird oder nicht.

Wenn Emotionen ihre Individuierung durch einen jeweiligen phänomenalen Gehalt erlangten, wären sie aber gleichfalls interne Zustände oder Repräsentationen. Ob psychische Zustände im Allgemeinen und emotionale im Besonderen interne Zustände sind, ist eine viel diskutierte Frage in der Philosophie des Geistes.[47] Diskutiert wird sie, sehr verkürzt ausgedrückt, weil interne psychische Zustände, wenn man sie als theoretische Entitäten annimmt, kausal auf physische Vorgänge wirken könnten. Man hätte damit eine theoretische Grundlage, um zu erklären, inwiefern psychische Vorgänge auf physische Einfluss nehmen können.

Die in der Philosophie des Geistes häufig unterstellte enge Verbindung von Wahrnehmung-, Repräsentations- und Emotionstheorie lässt sich am besten an einem Beispiel aus der Philosophiegeschichte veranschaulichen. Descartes erklärt zunächst, dass Farben, Gerüche oder Wärmeempfindungen als solche wahrgenommen werden, dass diesen phänomenalen Wahrnehmungen in der Welt jedoch nichts entspricht. Er überträgt dieses »Nicht-Entsprechen« dann auf Emotionen oder Leidenschaften. Denn so, wie es in der Welt keine Farben, Gerüche oder Leidenschaften gibt, sondern lediglich physikalische Partikel, die in Bewegung sind, und die dazugehörigen physikalische Gesetzmäßigkeiten, die man mithilfe des Geistes erkennen kann, so gibt es für Emotionen nichts Phänomenales in der Welt, das ihnen entspricht, sondern nur physikalische Partikel in Bewegung, wofür die physikalischen Gesetze zu entdecken wären. Die phänomenalen Eindrücke oder Zustände hat nur das Subjekt.

Descartes schreibt in den *Leidenschaften der Seele*: »Ich möchte jedoch außerdem bemerken, daß die Objekte, welche die Sinne bewegen, nicht aufgrund der Verschiedenheiten, die in ihnen liegen, die verschiedenen Leidenschaften in uns erregen, sondern allein aufgrund der verschiedenen Art, gemäß der sie uns nützen oder schaden können oder überhaupt für uns von Bedeutung sind. Auch besteht die Nutzung aller Leidenschaften allein darin, daß sie die Seele veranlassen, das zu wollen, was die Natur uns als nützlich angibt [...].«[48]

Die Funktion der Leidenschaften oder Emotionen besteht in der Erhaltung des (physikalischen) Körpers, weil es in erster Linie um das Überleben des Organismus geht. Der Körper soll vor einer schädlichen, feindlichen Außenwelt geschützt werden. Aber wie gelingt dies den Leidenschaften oder Emotionen? Descartes' Antwort lautet, dass sie eine kognitive Verbindung zwischen dem unphysikalischen Denken und der physikalischen Welt herstellen und so etwas in der Welt repräsentieren. Zu klären bleibt dann, worin der repräsentative Gehalt besteht, wenn es keine substanzielle Ähnlichkeit zwischen der physikalischen Welt und den Empfindungen gibt. Denn Hitze wird zwar durch etwas in der Welt verursacht, die Hitzeempfindung repräsentiert aber nicht das, was in der Außenwelt tatsächlich ist, nämlich eine Bewegung von Molekülen.[49]

So repräsentieren Empfindungen nach Descartes externe Körper nicht »genau wie sie sind, sondern nur insofern sie uns betreffen und uns von Vorteil oder Nachteil sein können«.[50] Es ist also die Funktion der Sinne, dem Geist etwas aus der Außenwelt zu zeigen, und zwar nicht in Bezug auf dessen physikalische Eigenschaften, sondern bezüglich unseres Wohlbefindens, also unseres phänomenalen Empfindens. Auf Leidenschaften oder Emotionen übertragen bedeutet das, dass Emotionen oder Leidenschaften nur Hinweise liefern, die dem Überleben des Körpers dienen: Die Leidenschaften beziehen »sich gemäß der Einrichtung der Natur alle auf den Körper [...] und [werden] der Seele nur insofern gegeben [...], wie sie mit diesem verbunden ist. [Die Leidenschaften veranlassen] die Seele [...], die Handlungen zu billigen und zu solchen beizutragen, die dem Körper dienen und ihn bewahren oder ihn in irgendeiner Weise vervollkommnen. [...] [obgleich es] mehr bedeutet, die Dinge, die schaden und zerstören können, abzuhalten, als solche zu erlangen, die eine Vervollkommnung unterstützen, ohne die man existieren kann.«[51]

Wie das Emotionen tun, die lediglich konfuse Gedanken sind, bleibt bei Descartes letztlich undeutlich. Klar ist, dass etwas repräsentiert wird, aber wie genau diese Repräsentation auf physikalischem Wege vonstattengeht, kann Descartes auch nicht angeben. Als Funktionen, die dem Überleben in einer Umwelt dienen, müssen sich Emotionen lediglich im Verlauf der Zeit als nützlich für das Überleben erwiesen haben. Sie müssen nichts im physikalischen Sinne »eigentlich Seiendes« repräsentieren.

Dennoch repräsentieren Emotionen auch bei Descartes etwas. Zwar kann auch der cartesische Körper als physikalisch-chemisches Gebilde Reaktionen zeitgen, denen keine Repräsentationen zugrunde liegen, die vielmehr schlicht Reaktionen sind. Aber die emotionalen Reaktionen enthalten immer schon Wertungen wie etwa »Diese Situation ist gefährlich«, worauf eine Angstreaktion hindeutet. Diese Wertung muss sich allerdings nicht tatsächlich in einer sprachlichen Form äußern. Emotionen sind damit mehr als kausal verursachte Reaktionen, sie repräsentieren dem Bewusstsein etwas in der Welt – zum Beispiel Gefahr.

Nun gibt es zwei Ansätze zu einer Theorie der Repräsentation. Zunächst ist der Ansatz zu nennen, nach welchem Gefühle körpereigene Zustände repräsentieren (sensorische Repräsentation), also Herzschlag, Pulsfrequenz, Schweißabsonderung. Dieser Ansatz ist als James-Lange-Theorie bekannt und wird heutzutage etwa von Antonio Damasio weitergeführt. Für Damasios Thesen ist es von Bedeutung, dass das Gehirn zweierlei kann: zum einen Objekte außerhalb des Organismus abbilden, zum anderen muss das Gehirn aber auch die Beziehung zwischen dem Objekt außerhalb des Organismus und dem Organismus, der es abbildet, abbilden können.

Wenn Emotionen neuronale Repräsentationen von Veränderungen im Körper eines Menschen sind, werden vom Gehirn vegetative Veränderungen wie eine Beschleunigung des Herzschlages, schwitzende Handflächen, ein erhöhter Blutdruck oder veränderte Hormonlevels im Blut als Emotionen erfasst. Weiterhin sollen Körperzustände auf zwei Ebenen im Gehirn abgebildet sein. Unsere Sinneswahrnehmungen, sowohl die unseres eigenen Körpers als auch die eines Objektes im Wahrnehmungsfeld, sind in Repräsentationen erster Ordnung abgelegt. Neben diesen Repräsentationen erster Ordnung gibt es noch codierte Abbildungen zweiter Ordnung, welche die Beziehung zwischen den verschiedenen Objekten erster Ordnung abbilden. Diese Beziehungen können den veränderten Kontexten des Verhaltens und der Umwelt entsprechend angepasst werden. Gefühle und Emotionen sind dann laut Damasio für das Gehirn Objekte – komplex codierte Stellvertreter für etwas Diskretes, also gleichfalls Repräsentationen. Sie werden mithin ebenso wie abstrakte Gedanken oder Wahrnehmungsobjekte im Gehirn repräsentiert. Die Wahrnehmung unseres Körpers als unseres eigenen Körpers – also die Wahrnehmung des Organismus als Repräsentation im Gehirn des Organismus selbst, der ständig unbewusst den Zustand des lebendigen Körpers in seinen vielen Dimensionen repräsentiert – ist damit nach Damasio eine Voraussetzung für die Entstehung des Bewusstseins. Die Fähigkeit, eine Repräsentation erster Ordnung (wie es eine Emotion ist) herzustellen, ist also eine Voraussetzung für das Entstehen von Bewusstsein. Was aber macht eine Repräsentation erster Ordnung bewusst, von der Damasio annimmt, sie sei eine Voraussetzung für Bewusstsein? Ehe diese Frage erläutert wird, sei angemerkt, dass Damasios Bestreben weiter geht. Er will nicht nur Emotionen, sondern auch Bewusstsein als Selbstwahrnehmung naturalisieren, um herauszufinden, was es »uns ermöglicht, Kummer oder Freude zu fühlen, Leid oder Lust, Verlegenheit oder Stolz, Trauer über den Verlust eines Menschen oder die Vergänglichkeit des Lebens«.[52] Für ihn ist Bewusstsein die entscheidende *biologische* Funktion, die phänomenales

Erleben und damit auch Emotionen ermöglicht. Und damit ist die soeben gestellte Frage in einem ersten Versuch beantwortet. Das phänomenale Erleben kommt erst mit dem Bewusstsein, daneben soll bei Damasio aber auch eine Form des bewussten Empfindens (feeling) eine Voraussetzung dafür sein, dass so etwas wie ein Selbstsinn erst entsteht.

Dass phänomenales Erleben (was Emotionen einschließt) eine Art des Bewusstseins voraussetzt, leuchtet unmittelbar ein; dass dieses nach Damasio aber auch ein Gefühl des Selbst-Sinns voraussetzt, ist eine weiter reichende Behauptung. Den Selbst-Sinn beschreibt Damasio als (Gegenwarts-)Bezug (Präsenz) eines Wesens auf sich selbst. Er ist für uns erforderlich, um unsere Gedanken als eigene wahrnehmen zu können. Die einfachste Form einer solchen Präsenz, eines Gegenwartsbezuges auf sich selbst ist für Damasio ein Gefühl, dessen ontologischer Status allerdings nicht geklärt ist. Klar ist nur, dass es sich nicht um eine Emotion handeln kann. Die Erfahrung des Körpers wird hier zur Bedingung des Bewusstseins, der Empfindungsraum Körper zur Keimzelle des Selbstsinns.

Außer diesem Modell der Repräsentation körpereigener Zustände gibt es auch eines, nach welchem Emotionen oder Gefühle äußere Zustände, also Sachverhalte in der Welt, repräsentieren. Angst repräsentiert dann eine gefährliche Situation für den Organismus, Ekel ebenso. Freude könnte einen momentanen Vorteil für den Organismus repräsentieren etc.

Beide Ansätze, sowohl der, wonach Emotionen Zustände körpereigener Repräsentationen sind, als auch der, nach dem sie etwas in der Welt repräsentieren, sind mit Schwierigkeiten konfrontiert. Der Ansatz, dass Gefühle Repräsentationen von Körperzuständen sind, kann unter anderem nicht erklären, wieso bestimmte Körperzustände (Herzklopfen, Pulsbeschleunigung etc.) sowohl beim Gefühl der Angst wie auch dem der Freude oder dem der Verliebtheit vorkommen. Ungeklärt bleibt also, wieso ein Körperzustand in einem bestimmten Gefühl resultiert und nicht in einem anderen. Wenn aber Gefühle oder Emotionen keine rein sensorischen Repräsentationen körpereigener Zustände sein können, ergeben sich weitere zu klärende Fragen. Denn was charakterisiert Emotionen oder Gefühle als Freude, Angst, Scham oder Hass? Sind es die Empfindungskomponenten, die speziell erlebten und empfundenen Qualitäten (Qualia), die Emotionen oder Gefühle charakterisieren? Doch was ist eine Empfindungskomponente oder woraus besteht sie? Was wären phänomenale Momente, die sich nicht auf Repräsentationen zurückführen lassen?

Oder werden Gefühle und Emotionen rein über ihren kognitiven Gehalt – wie sie Urteile aufweisen – bestimmt (wie es bereits im ersten Kapitel diskutiert wurde)? Wäre Letzteres der Fall, stellte sich die schon wiederholt aufgeworfene Frage, inwiefern Säuglinge oder Säugetiere und andere Tiere Emotionen haben können, da sie noch nicht oder im Verhältnis zum erwachsenen Menschen nur sehr eingeschränkt über kognitive Gehalte verfügen.

Eine weitere Möglichkeit wäre, dass Emotionen, Gefühle oder Affekte keine sensorischen Repräsentationen sind, wie es sinnliche Wahrnehmungen von Gegenständen, Ereignissen oder Eigenschaften sind, die wir in der Welt antreffen. Analogien mit Wahrnehmungen wie »einen Tisch sehen« wären dann unzutreffend. Aber was wären Emotionen und Gefühle, wenn sie keinen Wahrnehmungscharakter hätten? Reine Fiktionen ohne Realitätsbezug?

Theoretisch, das heißt genauer gesagt, systematisch gesehen, werden zwei Gesichtspunkte besonders häufig und ausführlich diskutiert, wenn ein Repräsentationsmodell für Emotionen unterstellt wird:

– Lassen sich Qualia, also der phänomenale Aspekt von (Sinnes-)Wahrnehmungen, repräsentieren? Anders ausgedrückt: Lässt sich meine spezielle Rotwahrnehmung, mein Gefühl der Freude repräsentieren? Was bedeutet es, wenn es sich als solches repräsentieren lässt, was, wenn es sich nicht als solches repräsentieren lässt?

– Die Repräsentationstheorie für Sinneswahrnehmung ging ursprünglich einmal davon aus, dass die Wahrnehmung, der wahrgenommene Weltausschnitt und die diesen wiedergebende Proposition eine gemeinsame Struktur haben. Wenn diese Annahme für eine Theorie der Repräsentation des Bewusstseins zentral ist, sind Gefühle und Emotionen als phänomenale Aspekte ein Problem für diese Theorie, weil sie ein wertendes oder einschätzendes Moment enthalten, das über die reine Repräsentation eines Sachverhalts hinausgeht. Nun könnte man sich auf den Standpunkt zurückziehen, dass Emotionen und Gefühle keine Sinneswahrnehmungen sind. Die enge Verbindung von Repräsentation und phänomenalen Aspekten wäre damit aber gelockert.

Hilary Putnams Kritik an Repräsentationstheorien bezieht sich genau auf diese beiden problematischen Punkte. Er führt in seinem Buch *The Threefold Cord* aus, dass es keinen Sinn hat, davon auszugehen, dass es interne Repräsentationen beziehungsweise interne phänomenale Zustände gibt, die wie Qualia ein internes Etwas sind, das wir erfahren oder wahrnehmen.

Um dies zu zeigen, legt er ein kompliziertes Beispiel vor. Putnam referiert zunächst ein Experiment von Rohit Parikh. Dieser hat eine Dose roter Farbe genommen und einen Packen mit hundert weißen Karten. Zunächst bemalt er die erste Karte, gießt dann einen Tropfen weiße Farbe in die Dose und bemalt die zweite Karte, dann gießt er einen weiteren Tropfen weiße Farbe in die Dose und bemalt die dritte Karte usw., bis alle hundert Karten bemalt sind. Karte eins und zwei sehen exakt gleich aus, also müsste ihnen nach der Theorie interner phänomenaler Zustände dasselbe Farb-Quale zugrunde liegen, das ihre Erscheinung repräsentiert. Dies wäre das Farb-Quale $1/2$. Auch die Karten zwei und drei sehen genau gleich aus, auch sie müssen also ein gemeinsames Quale, das heißt einen gemeinsamen internen phänomenalen Zustand haben, der ihre Erscheinung repräsentiert. Dies wäre das Farb-Quale $2/3$. Sind nun der interne phänomenale Zustand $1/2$ und $2/3$ identisch oder nicht?

Nimmt man an, dass die Zustände nicht identisch sind, ergibt sich das Problem, dass eine Farbe, nämlich die auf Karte zwei, mit zwei verschiedenen phänomenalen internen Zuständen korreliert. Nimmt man aber an, dass sie gleich sind, ergibt sich das Problem, dass $2/3$ mit $3/4$ und $4/5$ und $5/6$ usw. gleich ist. Am Ende ergäbe sich dann, dass $1/2$ mit $19/20$ gleich wäre, wohingegen die dazugehörigen Karten 1, 2, 19 und 20 keineswegs farbgleich sind.

Dieses Beispiel soll zeigen, dass es nicht sinnvoll ist, interne phänomenale Zustände zu postulieren, weil es zumindest ein Gegenbeispiel dafür gibt, dass man in demselben internen phänomenalen Zustand ist, wenn Erscheinungen ununterscheidbar sind. Putnam leugnet damit nicht, dass Farbwahrnehmungen mit bestimmten Gehirnzuständen einhergehen, er hinterfragt lediglich die Annahme des theoretischen Konstrukts »interner phänomenaler Zustand«, der als vermittelndes theoretisches Konstrukt seinen Platz zwischen der Welt und der Wahrnehmung oder emotionalen Empfindung haben soll. Das Beispiel soll zeigen, dass eine solche Annahme nicht plausibel ist.[53]

Wie sieht es nun mit der Annahme aus, Emotionen seien sensorische Repräsentationen körpereigener Zustände? Oder mit der, dass es sich um mentale Repräsentationen handele? Diese Theoriekonstruktionen weisen zusätzlich zu den von Putnam dargelegten noch einige weitere Schwierigkeiten auf. Fred Dretskes Theorie des Bewusstseins bezieht sich unter anderem auf Emotionen und Gefühle, auch wenn sie nicht der zentrale Gegenstand seiner Überlegungen sind. Er widmet sich ihnen, weil sie ein Problem für seinen Ansatz zu einer Theorie des Bewusstseins sind. Denn Dretske bestimmt Bewusstsein als mentale Zustände, die bereits repräsentational sind, einen Gehalt haben und der Gehalt höherstufiger mentaler Zustände sind. In diesem Rahmen stellen Schmerzen und Emotionen für ihn deshalb eine besondere Schwierigkeit dar, weil man sich nicht nur bewusst ist, dass man bestimmte Empfindungen oder Emotionen hat, sondern sich dieser auch selbst bewusst ist. Wir sind uns also der Angst als Angst bewusst, während wir sie empfinden. Das ist anders als etwa bei visuellen Wahrnehmungen, die wir als Wahrnehmungsakt selbst nicht wahrnehmen. Bei einer visuellen Wahrnehmung nehmen wir nur das Wahrgenommene wahr.

Dretske möchte das Problem lösen, indem er auf Antonio Damasios Theorie der Emotionen zurückgreift, die wiederum auf der von William James beruht. Demnach sind Emotionen lediglich das repräsentationale Gewahrsein eines bestimmten körperlichen Zustandes. Ich nehme wahr, dass meine Herzfrequenz steigt, meine Hände feucht werden etc. Dretske versteht Gefühle (seine Terminologie wechselt) als Bewusstsein von Eigenschaften interner Objekte (chemische, hormonelle, muskuläre Zustände des Körpers) und eben nicht als interne Objekte, von denen wir ein Objektbewusstsein haben. Ein solches internes Objektbewusstsein will er gerade vermeiden, weil er sonst psychische Objekte annehmen müsste, die er nicht vollständig auf physische (körperbezogene) Zustände zurückführen könnte.[54]

Aber löst Dretske das Problem? Wir sind uns doch der Angst als Angst bewusst, während wir sie empfinden. Dretskes Rettungsversuch gegenüber möglichen Einwänden gegen seine Repräsentationstheorie des Bewusstseins durch das Beispiel von Empfindungen, Stimmungen und Emotionen sieht sich der Schwierigkeit gegenüber, dass sich körperliche Zustände und phänomenale Zustände trennen lassen, sie gehen nicht eins zu eins ineinander auf. Der repräsentationstheoretische Ansatz à la James-Lange-Damasio reicht also nicht aus, um das phänomenale Empfinden repräsentationstheoretisch zu erklären. Aber selbst wenn dieses Problem zu lösen wäre, bleiben weitere Schwierigkeiten für eine solche Theorie, wie die bereits erörterten: Warum verweist das Bemerken des Anstiegs der Herzfrequenz und der feuchten Hände auf Angst und nicht etwa auf Verliebtheit? Beide Emotionen gehen mit beiden körperlichen Symptomen einher. Der Unterschied scheint also doch im Empfinden selbst begründet zu sein. Reduktionistische Ansätze dieser Art stehen vor der Schwierigkeit, dass sie den Unterschied im Empfinden nicht erklären können.

Auch für Michael Tyes Theorie des Bewusstseins sind Emotionen und Gefühle als phänomenale Zustände nicht unproblematisch, wie man bereits an folgenden Äußerungen zu erkennen vermag: »Alle körperlichen Empfindungen sind sensorische Repräsentationen der einen oder anderen Art [...]. Sensorische Repräsentationen sind selbst nicht-begrifflich – sie haben weder etwas mit Denken oder Meinen zu tun, noch verlangen sie Begriffe, die ihren Gehalten entsprechen [...]. Einfache Stimmungen oder Emotionen sind sensorische Repräsentationen, die in ihrem intentionalen Charakter körperlichen Empfindungen wie Schmerzen ähnlich sind. Wenn man plötzlich wütend ist, ändert sich der Körperzustand [...]. Diese physischen Veränderungen werden von Sinnesrezeptoren registriert, die im ganzen Körper verteilt sind [...]. Ich sollte hervorheben, dass die Behauptung, Emotionen seien sensorische Repräsentationen, nicht besagt, dass sie *nur* sensorische Aspekte haben.«[55]

Wie bereits im ersten Kapitel dargelegt, lassen sich im Falle von Emotionen physiologische Zustände, die begriffliche Formung dieser Zustände und das entsprechende phänomenale Empfinden nicht völlig voneinander trennen. Und so setzt auch Michael Tye voraus, dass bei einem kognitiven höheren Bewusstsein Erfahrungen unter einen Begriff gebracht worden sind. Der Schweißausbruch, die erhöhte Herzfrequenz, das Weglaufen sind Anzeichen dessen, was unter dem Begriff der Angst firmiert. Das, was Tye und andere das kognitiv höherstufige Bewusstsein nennen, ist letztlich nicht von den in einer Kultur vorgefundenen Narrationen zu trennen, weil diese die Begriffe liefern, unter die wir unsere eigenen Erfahrungen bringen, was wiederum eine Voraussetzung für kognitives höherstufiges Bewusstsein ist.

In diesem Zusammenhang sind auch weitere Bewusstseinstheorien zu betrachten, für die das Bewusstsein mit metarepräsentationalen und damit mit reflexiv mentalen Zuständen untrennbar verbunden ist.[56] Mentale Zustände, die bereits repräsentational sind und einen Gehalt haben, werden dadurch bewusst, dass sie der Gehalt höherstufiger mentaler Zustände werden. Die Analogie hat jedoch einen Haken: Zustände wie Emotionen sind bewusst, sie werden nicht erst dadurch bewusst, dass sie Bestandteil eines metarepräsentationalen Zustandes werden.

Festzuhalten ist das Folgende: Die Bewusstseinskomponente geht bei Emotionen und Gefühlen mit dem Bewertungscharakter einher. Das bedeutet, dass der Unterschied zu einem bloßen Reiz-Reaktionsmuster, wie es unbewusste Einschätzungen letztlich sind, durch das empfundene Moment der Bewertung gegeben ist. Die als Angst empfundene Angst bewertet die Situation, in der sie entsteht. Was es heißt, dass diese Angst beim Menschen fast immer begrifflich geformt ist, wurde im ersten Kapitel dargelegt.

Diese Analyse der phänomenal empfundenen Angst erlaubt es, Tieren Angst zuzuschreiben, ohne davon auszugehen, dass damit bereits höhere Formen des Bewusstseins vorlägen, da höhere Formen des Bewusstseins mit Sprache, Begrifflichkeit und kognitiven Fähigkeiten einhergehen.

Gefühle, Werte und Gesetze

In der Philosophie werden Gefühle oder Emotionen am häufigsten im Bereich der Ethik diskutiert. Die Frage, die in diesem Zusammenhang diskutiert wird, lautet: Gründen unsere ethischen oder moralischen Handlungen auf unhinterfragbaren Prinzipien (wie Kant behauptet), auf Emotionen und Gefühlen (Mitleid, Mitgefühl, Nächstenliebe etc.) oder auf Werten? Und wenn sie auf Werten beruhen, welche Rolle könnten dann Emotionen und Gefühle dabei spielen? Die Antwort von Harry Frankfurt haben wir schon kennengelernt. Für Frankfurt ist ein Wert das, was für uns von Bedeutung ist, und er erschließt sich über die Liebe.

Was ein Gefühl oder was eine Emotion ist, wurde bereits im ersten Kapitel ausführlich bestimmt. Liebe wurde als Beispiel für Gefühle, Angst als Beispiel für Emotionen dargestellt. Dann bleibt zu klären, was ein Wert ist. Auch dafür gibt es paradigmatische Beispiele, ein Wert ist etwa das menschliche Leben oder die Institution der Familie, der Ehe. Aber auch Gesundheit, Freundschaft oder die Artenvielfalt sind Werte. Doch haben wir eigentlich ein affektives Verhältnis zu Werten wie dem menschlichen Leben, Ehe, Gesundheit oder Schönheit?

Franz Brentano geht davon aus, dass Werte durch ein Gefühl erkannt werden. Dieser Ansatz, der in der deutschen phänomenologischen Tradition weiterentwickelt wurde, setzt voraus, dass es ein ewiges Reich der Werte gibt, das ähnlich dem Reich der platonischen Ideen unabhängig von den tatsächlich postulierten und vielleicht nur kontingent gültigen Werten der Menschen ist. Da diese Werte mittels eines Gefühls erkannt werden, wird das Sittliche also emotional begründet. Die Handlungen der Menschen werden dann wiederum durch den Bezug auf ewig gültige Werte beurteilt.

Werturteile werden nach Brentano also durch ewig gültige Werte begründet, zu denen es einen emotionalen Zugang gibt, und Tatsachenurteile durch Tatsachen, zu denen wir durch Wahrnehmung und Erkenntnis Zugang haben. Diese metaethische Position, die auch als Axiologie – Lehre von den Werten – bezeichnet wurde, hat im Verlauf der Zeit einige Änderungen erfahren. Ein ewiges Reich der Werte wird heute nicht mehr angenommen, ein sogenannter Wertrealismus wird hingegen in der einen oder anderen Form nach wie vor vertreten.

Die Vertreter eines Wertrealismus gehen entweder davon aus, dass es Werte in etwa so gibt, wie es auch Tische oder Stühle gibt. Oder sie gehen davon aus, dass es Werte auf eine Weise gibt, wie es auch Farben, Klänge oder Gerüche gibt. Das bedeutet, dass es Werte im ersten Fall dann so gäbe, wie es primäre Eigenschaften der Dinge gibt, und im zweiten Fall wären Werte mit den sekundären Eigenschaften von Dingen vergleichbar. Dass der Stuhl eine Ausdehnung hat, ist eine primäre Eigenschaft des Stuhls, weil man sich den Stuhl nicht ohne Ausdehnung denken kann. Dass er blau ist, ist nur eine sekundäre Eigenschaft, da der Stuhl auch ohne die blaue Farbe noch ein Stuhl wäre. Insofern werden sekundäre Eigenschaften wie Farbe von Menschen mit Empfänglichkeit für Farbsehen in einer bestimmten kontingenten und damit subjektiven, uns vertrauten Weise wahrgenommen. Und während mit primären Qualitäten solche Eigenschaften bezeichnet werden, die zur materiellen Beschaffenheit der Körper, an denen sie auftreten, gehören, sind sekundäre Qualitäten wie Farben vom Körper »abtrennbar«. Als »abtrennbar« gelten sie, weil Farbempfindungen in den menschlichen Wahrnehmungsorganen hervorgerufen werden. Farben gehören daher nicht zur materiellen Beschaffenheit der Körper wie etwa Ausdehnung.

Dass die Diskussion um die Tragfähigkeit einer Analogie zwischen sekundären Qualitäten (wie Farben es sind) und Werten (wie Gesundheit) in der angelsächsischen analytischen Debatte im Wesentlichen zu den Grundlagen der Ethik geführt wird, mag überraschen. Verantwortlich für diese Diskussion ist John Mackies einflussreiche Arbeit *Ethics*, die 1977 erschienen ist. Diese Arbeit ist nicht nur Ausgangspunkt für die Diskussion über die Analogie von Farben und Werten, wie sie in den Achtziger- und Neunzigerjahren geführt wurde, sondern auch für die Diskussion um die Objektivität der Ethik.

Mackies Argumentation setzt sich mit dem – in der Tradition Wittgensteins stehenden – Versuch auseinander, die Bedeutung eines Begriffs wie den des Guten anhand einer Analyse der Alltagssprache zu klären. In der Alltagssprache werden ethische Begriffe, so Mackie, so verwendet, als existierten objektive Werte in der Welt. Mackie hebt dementsprechend hervor, dass es in der Ethik auch von Seiten einer Philosophie der Alltagssprache Fragen nach der Ontologie von Werten zu beantworten gelte. Um die Unterscheidung zwischen einer begrifflichen und einer ontologischen Analyse einsichtig zu machen, verweist Mackie auf die Frage, was Farben sind. Diese Frage sei nicht bereits dadurch adäquat beantwortet, dass die Bedeutung von Farbbegriffen oder die Weise des Gebrauchs von Farbbegriffen festgestellt werde. Ihr ontologischer Status sei vielmehr mit einer Analyse, wie sie Robert Boyle und John Locke mit der Einordnung von Farben als sekundären Qualitäten vorgenommen hätten, gegeben.[57] Mackie benutzt die Analogie zwischen Farben und Werten demnach, um gegen eine sprachphilosophische Richtung in der Tradition Wittgensteins zu argumentieren. Mackie will anhand der Analogie zwischen Farben und Werten zeigen, warum Werte zwar nicht objektiv gegeben sind, dass die Frage nach der Objektivität von Werten jedoch eine berechtigte ist.

In seiner Analyse wird Objektivität mit Realismus und damit mit der Korrespondenz zwischen externen Tatsachen und Werten gleichgesetzt. Infolgedessen fällt es ihm leicht, aus der fehlenden Realität von Farben und Werten darauf zu schließen, dass weder Farben noch Werte zur Ausstattung der Welt gehören, dass sie keinen externen Tatsachen entsprechen und daher auch nicht objektiv gegeben sind oder objektiv beurteilt werden können. Mackie setzt hier Vergegenständlichung mit Objektivität gleich, offenbar weil Vergegenständlichung ebenso wie Objektivität Invarianz oder die Konsistenz von Urteilen garantiert. Wertende Urteile können ihm zufolge deshalb nicht wahr oder falsch sein, weil die Eigenschaften, die wertende Begriffe anscheinend bezeichnen, Eigenschaften sind, die in ontologischer Hinsicht nicht existieren. Da Mackie Objektivität auf primäre Qualitäten einschränkt, kommt Farben, bestimmt als sekundäre Qualitäten, und Werten Objektivität nicht zu.

Die Analogie zwischen dem Konzept der sekundären Qualitäten, die der Welt der Erscheinungen zuzurechnen sind, und Werten kann allerdings auch in anderer Weise fruchtbar gemacht werden, als Mackie es versucht hat.[58] Die Analogie soll dann auf andere Weise zeigen, dass sowohl hinsichtlich sekundärer Qualitäten wie Farben als auch hinsichtlich Werten objektive Urteile möglich sind.

Werte sind für den Realisten, unabhängig von subjektiven Einstellungen, Tatsachen. Für den Antirealisten hingegen sind Werte und sekundäre Qualitäten lediglich Projektionen oder subjektive Einstellungen des Menschen (ein Vertreter dieser Position wäre eben Mackie). Eine Analogie zwischen sekundären Qualitäten und Werten, die verständlich macht, inwiefern Urteile über Werte objektiv sind, könnte dagegen einen dritten Weg neben Realismus und Antirealismus eröffnen.

Die Analogie zwischen Farben als sekundären Qualitäten und Werten soll dann darauf hinauslaufen, dass eine Logik der Werte bestimmte Urteile wie »Du darfst einen Menschen, außer in Notwehr, nicht töten« erzwingt. Eine Logik der Werte soll dazu führen, dass sich moralische Urteile als richtig oder falsch und ein bestimmtes Verhalten als gut oder schlecht beurteilen lassen. Das würde im Übrigen auch bedeuten, dass Urteile über Werte ebenso wenig wie Regeln der Mathematik im Sinne einer Letztbegründung begründet werden können. Auch die Regeln der Mathematik schreiben vor, wie eine Aufgabe zu lösen ist, sie sind insofern präskriptiv, lassen sich aber nicht endgültig begründen, weil dieser Begründung wiederum eine Begründung der begründenden Metaregeln folgen müsste, und dies ad infinitum.

Eine Möglichkeit, die genannte Analogie zu begründen, lässt sich auf John McDowells Begründung im Zusammenhang mit einer Analyse des Naturalismusbegriffs[59] stützen. McDowell zieht für die Begründung der Objektivität von Werten den Begriff einer zweiten Natur (second nature) des Menschen heran. Gemeint ist, dass der Mensch außer über eine erste Natur, die auch als die biologische Natur des Menschen bezeichnet werden kann, über eine zweite Natur verfügt, die im Wesentlichen durch tradiertes Wissen vermittelt ist. Der Mensch nutzt sein durch natürliche Anlagen und Fähigkeiten vorhandenes Potenzial erst aus, wenn dieses Potenzial durch tradiertes Wissen ausgebildet wird. Insofern ist bei McDowell Bildung als zweite Natur auf die erste (biologische) Natur bezogen.

Dies erinnert an die Genese von Emotionen, die gleichfalls auf angeborenen physiologischen Reaktionen beruhen, im Verlaufe der Sozialisation eines Menschen allerdings durch Begriffe geformt, das heißt semantisiert werden.

Hinsichtlich der Frage einer Logik der Werte, analog einer Logik der Begriffe, hebt McDowell zunächst unterschiedliche Logikbegriffe hervor: »Die einzige Ähnlichkeit, die zu den Naturwissenschaften vorhanden sein muss, damit ethischer Realismus richtig verstanden annehmbar sein kann, besteht darin, dass es in beiden Bereichen rational ist, von einer Schlussfolgerung zu sagen, dass der Logos selbst sie erzwingt. Man muss nicht abstreiten, dass der Logos in den Naturwissenschaften Schlussfolgerungen in einer bestimmten Weise erzwingt [...]. Aber dazu gibt es kein Pendant in der Ethik.«[60] McDowell spricht stattdessen davon, dass die zweite Natur, die durch Bildung oder Erziehung erworben wird, die Ausformung eines *praktischen* Logos (praktische Retionalität) darstelle.[61] Die zweite Natur des Menschen ist demnach eine Ausformung des Logos in Fällen der wissenschaftlichen oder logischen Begründung, während sie in Bezug auf Werturteile eine Ausformung des praktischen Logos ist.[62] Die zweite Natur kanalisiert in Form der Tugend die natürlichen Impulse der ersten Natur und versetzt den Menschen zudem in die Lage, von diesen natürlichen Impulsen »einen Schritt zurückzutreten« und ihre Überzeugungskraft in rationaler Form zu hinterfragen.[63] Die Vernunft oder der (praktische) Logos ermöglicht es dem Menschen also, sich von der ersten (biologischen) Natur (wie den natürlichen Impulsen oder Instinkten) zu distanzieren, obgleich diese insofern Einfluss auf die zweite (tradierte) Natur hat, als sie einen Rahmen für die Formen der zweiten Natur bildet.[64]

Mit der Behauptung, moralisches Urteilen gehöre zur Naturgeschichte des Menschen, wie sie John McDowell vertritt, ist mehr gesagt, als dass es eine natürliche Tatsache ist, dass Menschen eine Moral ausbilden. In diesem Sinne heißt es bei McDowell: »Die Naturwissenschaften haben kein Exklusivrecht bezüglich des Begriffs der Natur; und das zusätzliche Vermögen kommt nicht durch die Verrichtungen eines mysteriösen außernatürlichen Vermögens ins Blickfeld, sondern weil Menschen über eine zweite Natur verfügen.«[65] Er fügt hinzu, dass die Richtigkeit von (moralischen) Urteilen nicht davon abhängt, ob sie durch Tatsachen der ersten Natur begründbar sind, sondern davon, ob sie den *internen Standards* der ausgebildeten zweiten Natur und damit dem praktischen Logos entsprechen. Die internen Standards der zweiten Natur sind kulturelle Standards, die *an die Stelle des Instinkts* getreten sind. Wenn sich aber nicht zeigen lässt, dass diesen internen kulturellen Standards eine ähnlich zwingende Wirkung in der Urteilsbildung zukommt wie der Logik, geht die Position McDowells letztlich dennoch nicht über die zitierte Feststellung hinaus, das heißt, dann sagt auch McDowell nicht mehr, als dass »die Notwendigkeit von zwischen-menschlichen Beziehungen [...] eine *naturgebundene Tat-sache* ist, die von geschichtlichen Bedingungen unabhängig ist [...]; und dass auch die Regelung des Zusammenlebens [...] eine in jeder Gesellschaftsform und in jeder Periode wiederkehrende Erscheinung« ist.[66]

Nun versucht McDowell nicht zu zeigen, welche Art begrifflicher Notwendigkeit richtiges moralisches Urteilen von angeblich richtigem moralischem Urteilen unterscheidet. Stattdessen geht es ihm um die Behauptung, dass die internen Standards des praktischen Logos auf einer praktischen Vernunft beruhen. Diese praktische Vernunft berücksichtigt Tatsachen der ersten Natur – wie biologisches Verhalten und Instinkt –, wenn es darum geht zu bestimmen, was es heißt, dass Menschen etwas richtig oder gut machen. McDowell muss jedoch zugestehen, dass aus diesem Umstand noch kein bestimmtes Urteil folgt. Was als instinktives Verhalten für die Mitglieder einer Gruppe oder einer Spezies richtig sein mag, muss dies vom Standpunkt der praktischen Vernunft aus nicht sein,[67] denn die Vernunft versetzt den Menschen gerade in die Lage, vom instinktiven Verhalten abzusehen und gegebenenfalls von ihm abzuweichen.

Nichtrationale Lebewesen werden in ihrem Verhalten von der ersten Natur bestimmt. Bei rationalen Lebewesen, die über eine zweite Natur und damit über einen (praktischen) Logos verfügen, tritt die Autorität der zweiten Natur – etwa in Form eines Tugend- oder Wertekanons – an die Stelle der Autorität der ersten Natur. Die durch die zweite Natur vermittelten Tugenden oder Werte geben dann denjenigen, die über sie verfügen, Handlungsgründe an die Seite. Außerdem beeinflussen sie den rationalen Willen des Handelnden.

Ehe geprüft wird, ob Emotionen und Gefühle gute Kandidaten wären, um daran mitzuwirken, anstelle der Instinkte der ersten Natur einen Wertekanon der zweiten Natur auszubilden, soll die Position McDowells noch ausführlicher diskutiert werden. Nach all dem, was bisher über Emotionen als angeborene Mechanismen der Einschätzung oder Bewertung gesagt wurde, die in Gemeinschaften und Kulturen semantisiert, das heißt geformt sind, scheinen sie prima facie ideale Kandidaten zu sein.

McDowell gibt ein Beispiel, um die Zusammenhänge zwischen erster und zweiter Natur zu verdeutlichen: Ist die Durchführung eines Vorhabens mit Gefahr verbunden, benötigen Menschen Mut, um an dieser Durchführung festzuhalten. Für nichtrationale Wesen stellt sich die Frage des Mutes (als Tugend oder Wert) nicht; ihnen gebietet etwa der Instinkt oder die erste Natur, ihre Nachkommen unter Einsatz des eigenen Lebens zu verteidigen. Rationalen Wesen wiederum, die in der Lage sind, über den Einsatz ihres eigenen Lebens zu reflektieren, ist die Unmittelbarkeit des Instinktes verloren gegangen. An seine Stelle tritt die zweite Natur mit einer positiven Bewertung von Mut. Der rationale Wille eines Subjekts ist dabei nach McDowell nicht völlig unabhängig von diesem Handlungsschema. Zwar kann sich das Subjekt von einem Handlungsschema distanzieren, doch hängt dies von den rationalen Gründen ab, die für oder gegen die Ausführung einer Handlung sprechen.

Aufgrund von Tradition und Bildung als zweiter Natur trifft der Einzelne in einer Gemeinschaft auf Werte und damit auf Beurteilungs- und Handlungsschemata, die er sich nicht selbst ausgesucht hat; er findet sie anstelle des Instinkts als gegeben vor. Obgleich Werte also tradiert werden, wäre zu prüfen, inwieweit für den Einzelnen im jeweiligen Fall unterschiedliche Möglichkeiten zur Beurteilung vorhanden sind.

Das Beispiel, dem zufolge beim Menschen das instinktive Verhalten im Falle eines Angriffs durch mutiges Verhalten ersetzt wird, zeigt, dass Tugend oder Werte, die an die Stelle des Instinktes oder der ersten Natur treten, die Rede rechtfertigen, dass das Ethische Teil der Natur ist. Damit sind ethische beziehungsweise moralische Begriffe oder Tugenden und Werte wie Mut nicht zwingende Urteile oder gebotene

Handlungen, wie es instinkthaftes Verhalten ist. Gezeigt wird damit vielmehr, dass Ethik und Natur des Menschen nicht zwei vollständig voneinander getrennte Bereiche sind und dass es daher sinnvoll sein könnte, sich die Schnittstellen genauer anzusehen.

Darüber hinaus lässt sich für die ethischen oder moralischen Begriffe – damit auch für die Begriffe der zweiten Natur des Menschen – feststellen, dass hier nichts absolut Objektives in dem Sinne gegeben ist, dass es nicht auch anders sein könnte. Ist jedoch eine bestimmte zweite Natur, ausgedrückt in Form eines Tugend- oder Wertekanons, gegeben, ist auch das Urteil dessen, der in der jeweiligen Logik dieses Kanons erzogen wurde, vorgegeben, wenn auch nicht zwingend. Die Beurteilung der Handlungsweise eines Menschen, der vor die Wahl gestellt ist, ob er einer anderen Person zu Hilfe kommen soll oder nicht, ist also nicht absolut zwingend. Die Zwangsläufigkeit des Urteils ist jeweils eine andere. So gibt der Begriff des Mutes nicht vor, dass unter allen Umständen einzuschreiten sei; er lässt Raum für Überlegungen zur konkreten Situation, in der ein Einschreiten unter Umständen nicht mutig, sondern leichtsinnig ist.

Dieser Bezug auf eine konkrete Situation ist beim moralischen oder ethischen Handeln wichtig. Daher versucht McDowell die Verbindung von konkreter Situation und Handlungsschema aufrechtzuerhalten. Er betont, dass der rationale Wille eines Subjekts, der es dem Subjekt ja gerade ermöglicht, auf konkrete Situationen einzugehen, dennoch nicht völlig unabhängig von dem Handlungsschema ist, weil dieses eben den rationalen Willen beeinflusst. So sollen diejenigen Tugenden und Werte, die durch die zweite Natur vermittelt sind, den rationalen Willen beeinflussen. Dies leisten sie, indem sie der Person, die über die Tugenden verfügt, *Handlungsgründe und Handlungsbeurteilungsgründe* liefern.

Der Behauptung, dass Handlungsbeurteilungen, die etwa als Tugend- oder Wertekanon erworben sind, den rationalen Willen beeinflussen, kann zugestimmt werden, ohne dass daraus folgen würde, dass das Handlungsschema einer Logik folgt, die es erlaubt, Urteile über Werte objektiv zu nennen.

Zwar lässt sich die Verwendung von Wertmaßstäben unter Umständen als kulturelle Ausformung natürlicher Fähigkeiten charakterisieren. Die Objektivierung der jeweiligen Maßstäbe ist jedoch nie absolut, da die Beurteilung der konkreten Situation durch den Einzelnen im Falle von Werturteilen einem Freiheitsgrad unterliegt.

Im Bereich wertender Urteile ist bereits ausgeführt worden, dass der Realist die Position vertritt, dass sowohl sekundäre Qualitäten als auch Werte existieren, die unabhängig von subjektiven Einstellungen Tatsachen sind. Für den Antirealisten hingegen sind sowohl Werte als auch sekundäre Qualitäten lediglich Projektionen oder subjektive Einstellungen des Menschen. Eine Art der Notwendigkeit, wie sie im Falle des Rechnens oder Beweisens dazugehört, lässt sich für moralische Urteile nicht feststellen. Dennoch lässt sich aus diesem Umstand noch nicht der Schluss ableiten, dass Urteile über (moralische) Werte rein subjektivistische Urteile sind. Nicht jeder kann sich seine (moralischen) Werte beliebig aussuchen.

Was macht ein moralisches Urteil aus?

Es sei zunächst noch einmal daran erinnert, dass McDowell einen praktischen Logos annimmt, dessen interne Standards auf einer praktischen Vernunft beruhen. Diese praktische Vernunft berücksichtigt Tatsachen der ersten Natur – wie Instinkte –, wenn bestimmt werden soll, was es heißt, dass Menschen etwas richtig oder gut machen. Dagegen kann man die Auffassung vertreten, dass das Absehen von einzelnen, konkreten Interessen in einer Situation nicht Ergebnis kulturell überlagerter und »fortgebildeter« Instinkte ist, sondern vernünftiger Einsicht.

Vernünftige Einsicht verleiht moralischen Urteilen nicht dadurch Objektivität, dass sie als verlängerter Arm der Instinkte angesehen wird und in diesem Sinne naturalisiert wird. Von

Objektivierung wird vielmehr deshalb gesprochen, weil sich auf den einfachen Umstand hinweisen lässt, dass ein Urteil, das lediglich von den eigenen Interessen in einer Situation bestimmt ist, kein moralisches Urteil ist. Es handelt sich bei einem solchen Urteil um die Meinung der Person x oder y, aber nicht um ein moralisches Urteil. Ein moralisches Urteil ist gerade dadurch bestimmt, dass es mit Blick auf das Wohl aller an einer Situation Beteiligten gefällt wird. Dieses Verständnis von moralischem Urteil ist aber durchaus damit vereinbar, dass Werte, die in einem Werte- oder Tugendkanon vermittelt werden, dem Menschen Handlungsgründe und Handlungsbeurteilungsgründe bereitstellen.

Da Werte Handlungsgründe und Handlungsbeurteilungsgründe sind, muss als Nächstes die Frage beantwortet werden, wie Werte entstehen. Werte sind sowohl das Resultat von Beurteilungen als auch Bewertungsschemata. Wenn wir das Beispiel des Mutes, den jemand zeigt oder empfindet (»Ich fühle mich heute mutig und werde daher das schwierige Gespräch, das ich lange aufgeschoben habe, führen«), als Beispiel nehmen, lässt sich daran illustrieren, inwiefern Mut sowohl ein Handlungsgrund als auch ein Handlungsbeurteilungsgrund sein kann. Wenn eine andere Person auf der Straße angegriffen wird und eine weitere sich mutig zeigt und eingreift, um die angegriffene zu verteidigen, ist Mut als Wert oder Tugend auch eine Grundlage, um das Handeln derjenigen Person, die eingegriffen hat, zu beurteilen. Wir finden sie mutig und äußern uns dementsprechend lobend und anerkennend. Inwiefern kann Mut aber auch ein Handlungsgrund sein?

Wenn wir in eine Situation geraten, in der Gewalt und Aggression ausgeübt werden, sei es als Beteiligte oder als Zuschauer, reagieren wir natürlicherweise mit Angst oder mit Zorn. Nehmen wir nun den Fall, dass wir ängstlich oder eingeschüchtert reagieren, weil dieses Beispiel es einfacher macht, den Fall des mutigen Reagierens einleuchtend zu schildern.

Um zugunsten des Opfers einzugreifen und nicht davonzulaufen oder so zu tun, als hätten wir nichts mit der Situation zu tun, müssen wir unsere Angst oder Gleichgültigkeit überwinden. Was könnte uns dazu verhelfen? Es könnte die Überlegung sein, dass man einen Menschen nicht schutzlos einem Angreifer überlassen sollte und dass man der Gewalt in einer Gesellschaft nicht dadurch Raum gewähren sollte, dass man ihr untätig zusieht. Das wäre eine rein rationale Überlegung.

Die Frage ist, ob eine Schlussfolgerung als Handlungsgrund und Motivation zugleich ausreicht. An dieser Stelle setzen zahlreiche Überlegungen ein, die bereits aus dem zweiten Kapitel bekannt sind. Ist das Opfer nicht schon zusammengeschlagen, ehe wir solche Überlegungen angestellt haben? Und haben Folgerungen, ohne dass eine emotionale Reaktion hinzukäme, genügend motivationale Kraft, uns tatsächlich zum Handeln zu bewegen? Können wir die Angst, die wir in einer aggressionsgeladenen Situation empfinden, rein aufgrund eines solch abstrakten Gedankens überwinden?

Die empirischen Befunde aus den Neurowissenschaften zeigen, dass wir nur aufgrund der Einsicht in die Richtigkeit einer Überlegung nicht handeln würden. Die theoretischen Überlegungen aus der Philosophie gehen in dieselbe Richtung und betonen zudem den Zeitfaktor: Für das konkrete Handeln würde es wohl zu lange dauern, bis wir mit unseren rationalen Überlegungen am Ende wären. Was uns in einer menschlichen Wirklichkeit zum Handeln bewegt, ist die menschliche Emotionalität – die keine rein biologische ist. Die Angst allein würde uns zum Fortlaufen bewegen, der Mut zum Eingreifen.

Doch ist Mut überhaupt etwas, was wir empfinden? Wenn es sich um ein habitualisiertes, eingeübtes Verhalten handelt, mag es sein, dass wir ihn nicht empfinden, sondern schlicht gemäß der eingeübten Verhaltensweisen handeln. Sind diese Verhaltensweisen jedoch noch nicht habitualisiert, benötigen wir einen Handlungsimpuls, der empfunden wird. Worin könnte dieser bestehen? In einem äußeren Reiz, in einer Zweck-Mittel-Überlegung, in einem intrinsischen Wert? Keiner dieser drei Faktoren reicht aus, um diese Funktion zu erfüllen. Der äußere Reiz, die Situation, mag eine Reaktion hervorrufen. Damit es sich aber nicht um eine bloß angeborene Reaktion, sondern um eine Handlung handelt, muss ein gewisses Maß an Überlegung hinzukommen. Daraus ergibt sich die Frage, in welchem Verhältnis Reiz und Überlegung stehen müssen oder können. Die Antwort »äußerer Reiz« bringt uns also nicht weiter.

Zweck-Mittel-Relationen führen allein nicht dazu, dass Überlegungen in Handlungen münden, wahrscheinlich genau aus dem Grund, dass sie nicht empfunden werden. Zwar sind es meine Überlegungen, aber dass ich zu einer Schlussfolgerung komme, bedeutet eben nicht, dass ich auch nach ihr handele statt einfach untätig zu bleiben. Ich kann mir zwar sagen, dass ich, wenn ich Resultat x erreichen will, y tun muss. Diese Überlegung führt mich aber noch nicht dazu, y auch wirklich zu tun. Y tue ich nur dann, wenn ich x will. Und was heißt, dass ich x wünsche oder will? Es heißt, dass x für mich wichtig ist, für mich von Bedeutung ist und für mich damit einen Wert hat. Die weitere Frage lautet dann: Wie bemerke ich, dass etwas für mich wichtig und wünschenswert ist und damit von Bedeutung?

Nach Harry Frankfurt zeigt mir das die Liebe an. Frankfurts Überlegungen können aber auch auf andere Emotionen und Gefühle übertragen werden. Die evaluative Funktion, die Bestandteil dessen ist, was wir unter Emotionen und Gefühlen verstehen, führt dazu, dass wir mittels der affektiven Prozesse etwas oder jemanden als bedeutungsvoll und wertvoll empfinden. Durch Emotionen und Gefühle erfahren wir, was uns wichtig ist oder was wünschenswert für uns ist. Wir denken nicht nur, dass etwas wichtig ist, weil es ein tradierter Wert ist, nach dem sich bisher viele erfolgreich gerichtet haben, sondern erfahren es, wenn wir affektiv darauf bezogen sind, als für uns bedeutsam.

Zeigen Gefühle Werte nur an oder wird etwas erst durch entsprechende Gefühle oder Emotionen zum Wert? Diese Frage zielt darauf, ob es Werte ohne Emotionen oder Gefühle gibt oder geben kann.

In der Forschungsliteratur[68] wurde es häufig so gesehen, dass die Position, der zufolge Emotionen Werte anzeigen, mit einer wertrealistischen Position einhergeht – mit der Position also, dass es Werte in einer objektiven Weise gibt und die Gefühle die Weisen sind, mit denen wir auf die Werte Bezug nehmen. Dies ist jedoch nicht zwingend der Fall. Dass Gefühle und Emotionen Werte anzeigen, könnte sich auch aus einem vollständig kontingent erlerntem Verhältnis von Emotionen und Werten ergeben. Werte könnten auch rein kulturelle Konstrukte sein und in einem kontingenten Bezug zu Gefühlen stehen, die mit ihnen einhergehen. So verweist die Emotion des Stolzes auf den Wert »Ehre«. Aber obgleich Stolz eine der wenigen Emotionen sein dürfte, die in unterschiedlichen Ausprägungen in so gut wie allen Gesellschaften vorkommt, mag das mit der Ehre keineswegs so sein. Hinzu kommt, dass vielen Emotionen kein Wert entspricht. Insofern kommen wir nicht sehr weit, wenn wir annehmen, dass Gefühle Werte lediglich anzeigen und sie nicht mitkonstituieren.

Was könnte nun das wertkonstituierende, das heißt wertbegründende Moment von Emotionen und Gefühlen sein? William James[69] gibt darauf eine Antwort, der wir in verwandter Weise bereits im zweiten Kapitel begegnet sind. Objektive Tatsachen und Gegebenheiten in der Welt sind vollständig *gleichwertig*. Aus ihnen ergibt sich keine Wertigkeit für uns. Das eine ist wie das andere, nichts ist schöner, hässlicher, besser, schlechter, sanfter, schmackhafter, überragender, begehrenswerter, wünschenswerter. Die reine Überlegung erzeugt keine Wünsche und kein Begehren, sondern nur ein »richtig« oder »falsch«. Wichtigkeit ergibt sich nicht aus ihr. Aber wir wollen nur etwas erreichen, was wichtig für uns ist.

Insofern Emotionen ein Einschätzungsprozess zugrunde liegt, ist die Ebene der Gleichwertigkeit des Gegebenen bereits verlassen. Dieser Einschätzungs- oder Bewertungsprozess ist allerdings kein rationaler. Worin er letztlich genau besteht, bleibt weitgehend unklar. Wir könnten ihn affektiv nennen, dann aber vor allem deshalb, weil er in einem affektiven oder emotionalen Prozess endet, und nicht, weil wir schon sagen können, dass die Einschätzung oder Bewertung selbst eine affektive oder emotionale ist.

Nun könnte das soeben Gesagte auch auf bloße Empfindungen zutreffen. Auch Schmerzen gehen insofern mit einer Wertigkeit einher, als auch Schmerzen Resultat eines Prozesses sind, der eine Gewichtung der Vorgänge anzeigt. Schmerzen sind jedoch nicht intentional, sie beziehen sich nicht auf etwas, wie es etwa Freude oder Angst tun. Schmerzen sind also Zustände, die kein Objekt (oder keine Situation) haben, auf das sie sich beziehen und das eingeschätzt wird.

Damit ist selbstverständlich nicht gesagt, dass Gefühle und Emotionen allein Werte konstituieren, aber sie wirken daran mit. Welchen Anteil sie dabei haben, bedarf der weiteren Klärung. Zu diesem Zweck sei die Behauptung von Holmer Steinfath herangezogen, dass alle intrinsischen Werte in Gefühlen wurzeln.[70] Er legt seinen Erörterungen die Definition zugrunde, dass etwas dann intrinsisch wertvoll ist, wenn es Gegenstand gerechtfertigter Gefühle oder Emotionen ist beziehungsweise sein kann.

Wann aber sind Gefühle oder Emotionen in Bezug auf einen Gegenstand gerechtfertigt? Ein Beispiel ist bereits im ersten Kapitel erwähnt worden: Empfindet man Angst, weil ein Hund wütend kläffend auf einen zurast, und will fliehen, ist diese emotionale Angstreaktion insofern vernünftig, begründet oder gerechtfertigt zu nennen, als der Hund einen verletzen könnte. Weiß man hingegen, dass der Hund zu alt für einen ernst zu nehmenden Angriff ist, ist die Angst unvernünftig, unbegründet oder nicht gerechtfertigt. Man kann auch sagen, sie ist nicht angemessen. Wie aber können Emotionen oder Gefühle wie Ekel oder Heimweh als gerechtfertigt oder angemessen gelten? Ekel empfinden viele Asiaten, wenn sie Käse sehen oder riechen, weil er aus Schimmel entsteht; viele Europäer empfinden hingegen Ekel davor, Hunde zu essen. Die Antwort ist, das dürfte nach den Ausführungen zur kulturellen Formung von Emotionen und Gefühlen nun plausibel sein, dass es zwar eine universale Emotion Ekel gibt, dass diese aber je nach den kulturellen Standards in Bezug auf unterschiedliche Objekte oder Situationen ausgelöst wird. Die Angemessenheit bemisst sich also durchaus nach kulturellen Standards, und für die entsprechenden Werte gilt dies auch.

Ebenso hängen moralische Werte in ihrer Gültigkeit von kulturellen Standards ab. Das bedeutet allerdings nicht, dass die auf die Werte Bezug nehmenden moralischen Urteile ausschließlich von kulturellen Standards abhängen. Denn ein moralisches Urteil ist gerade dadurch bestimmt, dass es mit Blick auf das Wohl aller an einer Situation Beteiligten gefällt wird.

Dieses Verständnis von moralischem Urteil ist durchaus damit vereinbar, dass Werte, die in einem Werte- oder Tugendkanon vermittelt werden, Handlungsgründe und Handlungsbeurteilungsgründe bereitstellen. Letztlich müssen diese Handlungsgründe jedoch vor der Richtschnur »des Wohles aller in einer Situation Beteiligten« bestehen. Die Tugenden beeinflussen dann zwar den Willen der Handelnden, sie müssen in der konkreten Situation jedoch unter Berücksichtigung aller Beteiligten geprüft werden.

Welche Handlungsaufforderungen ein Wert wie Gerechtigkeit für eine konkrete Person beinhaltet, hängt damit letztlich auch von den vermittelten und erworbenen Standards ab. Diese Wertstandards, die der Mensch – bei McDowell durch die Formung oder Bildung seiner ersten Natur – erwirbt, sind aber nicht mit Regeln oder Vorschriften zu verwechseln, es handelt sich bei ihnen vielmehr um Verhaltensmodelle, wie sie durch Vorbilder repräsentiert werden. Sie leiten das Handeln nicht auf dem Weg der Anweisung, sondern indem sie zur Nachahmung anregen. Moralische Ideale werden uns von Menschen vermittelt, die für uns beispielhaft sind. In diesem Sinne wirken Wertstandards attraktiv und sind nicht restriktiv, wie es Normen sind.[71]

Aber verweisen zur Nachahmung anregende Beispiele nicht ihrerseits wiederum auf Normen, denen beispielhaftes Verhalten entspricht? Diese Frage soll anhand eines literarischen Beispieles erörtert werden, in dem alle bisher aufgeworfenen Fragen zum Verhältnis von Emotionen, Gefühlen, Werten und Moral eine existenzielle Rolle spielen. Das Beispiel entstammt der Erzählung *Kaddisch für ein nicht geborenes Kind* von Imre Kertész

»[…] nur keine Angst Kinder, nicht aus irgendeiner ›moralischen Verpflichtung‹, nein, ich bitte euch, *es steht uns einfach nicht frei*, wir *können* nicht vergessen, wir sind so geschaffen, wir leben, um zu wissen und um uns zu erinnern, und vielleicht, oder gar wahrscheinlich, mehr noch: fast gewiß wissen wir und erinnern wir uns aus dem Grund, damit irgend jemand – wer er auch immer sei – sich wegen uns schäme, wenn er uns schon erschaffen hat, ja, wir erinnern uns für ihn, den es entweder gibt oder nicht gibt, das ist aber doch einerlei, denn ob es ihn gibt oder nicht: es läuft letztendlich auf dasselbe hinaus, das Wesentliche ist, daß wir wissen und uns erinnern, damit sich jemand – irgend jemand – wegen uns und (vielleicht) für uns schämt.«[72]

Der hypothetische Gott in dieser Erzählung offenbart uns kein moralisches Gesetz, sondern schämt sich für uns. Auch wir werden nicht aufgefordert, einem moralischen Gesetz zu folgen, sondern das Unsere zu tun, damit die auf uns bezogene Scham nicht verschwindet, sondern erhalten bleibt. Aber warum muss sich irgendjemand für uns schämen? Was leistet diese Scham für die Moral? Was ist ihre Funktion? Bisher konnte festgehalten werden, dass Emotionen und Gefühle Werte mitkonstituieren und nicht lediglich auf Werte verweisen, doch am Beispiel von Kertész' Erzählung kann eine weitere Funktion herausgearbeitet werden.

»Und dann würde leise die täglich sich erneuernde, sagen wir sich verbergende Überraschung herabrieseln: siehe da, ich bin doch aufgesprungen, ich bin sogar noch immer da, obwohl ich nicht weiß, warum, zufällig, wie ich geboren wurde, ich bin genauso nur ein Komplize meines Überlebens wie meiner Geburt, nun gut, ich gebe zu, im Überleben steckt ein wenig mehr Schande als in der Geburt, insbesondere, wenn wir für unser Überleben auch noch alles uns Mögliche getan haben: aber das ist alles, nichts mehr, ich war nicht gewillt, naiv der allgemeinen Überlebensaffektiertheit auf den Leim zu gehen, oh Gott!, *irgendwie kann man immer ein bißchen dafür*, das ist alles, ich habe überlebt [...].«[73]

Es entspricht einer allgemein anerkannten Analyse von Scham, dass ihm die Verletzung einer Norm zugrunde liegt, deren Einhaltung zum Selbstbild gehört.[74] Das Aufkommen von Scham weist demnach darauf hin, dass eine soziale Norm oder Regel nicht eingehalten wurde. Damit weist das Nichteinhalten oder die Verletzung des Gebotenen indirekt aber auch darauf hin, dass es eine Norm gibt, die verletzt wurde. Dieses allgemein anerkannte Gefüge wird in Imre Kertész' Erzählung auf den Kopf gestellt. Die Scham dessen, der ist oder nicht ist, ergibt sich nicht daraus, dass Normen nicht eingehalten worden sind, sondern daraus, dass sie eingehalten worden sind. Es ist die Scham für die Kreatur, die Regeln in jedem Fall, also sklavisch einhält und damit an der Vernichtung der anderen teilhat; die Scham für denjenigen, der sich nicht die Freiheit genommen hat, anders zu handeln, als er es getan hat.

Der Ich-Erzähler schämt sich, die Normen des Konzentrationslagers eingehalten zu haben, um zu überleben, und letztlich auch dafür, überlebt zu haben. Mit dieser Scham kann er letztlich nicht leben.

Hier zeigt die Scham in der mit ihr einhergehenden Logik letztlich auch wieder das Übertreten einer Norm an, die dadurch erst sichtbar wird. Die Norm lautet: Du hättest die Gesetze des Konzentrationslagers nicht befolgen dürfen. Kertész und der Ich-Erzähler wissen, dass das unmöglich ist, dass das nur Heiligen (das heißt Gerechten) und Gott möglich ist. Er entrückt diese Norm daher dem Menschenmöglichen.

Aber wie begründet er eine Norm, die nicht zu befolgen ist, ohne den Tod zu wählen? Der »Herr Lehrer«, der im nachfolgenden Zitat aus Kertész' Erzählung auftaucht, folgt keiner Norm, wenn er so handelt, wie er handelt, sondern gibt ein Beispiel, indem er frei handelt und keine Norm befolgt. Nach der Schilderung ist der »Herr Lehrer« ein Gerechter, denn in der jüdischen Tradition, in der Kertész steht, gibt es im Allgemeinen keine Heiligen (da nur Gott heilig ist), sondern Gerechte. Das Leben und Handeln der Gerechten hat einen Vorbildcharakter, es dient als Beispiel. Das wird der Grund sein, warum die ausgemergelte Gestalt in der fiktiven Erzählung von Kertész »Herr Lehrer« genannt wird, er lehrt durch sein Beispiel, was richtig und gut ist.

Die Norm »Du hättest die Gesetze des Konzentrationslagers nicht befolgen dürfen« wird daher mit dem Beispiel begründet, das der »Herr Lehrer« mit seinem Tun gegeben hat. Und hier wird wieder die bereits eingeführte Unterscheidung von Normen und moralischen Werten deutlich. Moralische Werte als moralische Standards, die Beispielcharakter haben, sind attraktiv, sie geben ein Beispiel. Normen sind jedoch restriktiv, sie schränken uns in unseren Handlungen ein und machen Vorschriften, wie wir zu handeln haben.[75]

»[…] gebt jetzt gut acht, denn das wirklich Irrationale und tatsächlich Unerklärbare ist nicht das Böse, im Gegenteil: es ist das Gute. Gerade deshalb […] interessiert mich schon lange einzig noch das Leben der Heiligen, denn das finde ich interessant und unfaßbar, dafür finde ich keine bloß rationale Erklärung; und Auschwitz hat sich […] unter diesem Gesichtspunkt geradezu als lohnendes Un-

ternehmen erwiesen, und so werde ich euch [...] eine Geschichte erzählen, die ihr mir dann erklärt, wenn ihr es könnt. Ich will mich kurz
fassen, da ich ja lauter alten Füchsen gegenübersitze, und sage nur
soviel wie: Lager und Winter und Krankentransport und Viehwag-
gons und nur eine einzige kalte Verpflegungsration, obwohl die Fahrt
wer weiß wie viel Tage dauern wird, und die Rationen in Zehnerein-
heiten zugemessen, und ich, auf einem zur Tragbahre ernannten
Holzgerüst liegend, wende meine Hundeaugen nicht von einem
Mann, besser gesagt, einem Gerippe, der, keine Ahnung warum, nur
›der Lehrer‹ genannt wurde, an den meine Ration geraten war, und
dann das Verladenwerden in die Waggons, und der Abzählstand
stimmt natürlich wieder und wieder nicht, und Gebrüll und Durch-
einander und ein Tritt, dann spüre ich, wie man mich hochreißt und
vor dem nächsten Waggon abstellt, und ich sehe den ›Herrn Lehrer‹
und meine Ration schon lange nicht mehr [...] es gibt immer eine
Chance, am Leben zu bleiben. Das schien jetzt, ohne meine Ration,
auf einmal überaus fraglich geworden zu sein, andererseits wurden
die Überlebenschancen des ›Herrn Lehrers‹, und das klärte ich kühl
mit mir, durch meine Ration genau verdoppelt [...]. Wen aber sehe
ich wenige Minuten später? Rufend und mit seinem Blick rastlos su-
chend, schwankt der ›Herr Lehrer‹ auf mich zu, in seiner Hand hält er
meine kalte Verpflegungsration, und als er mich auf meiner Tragbahre erblickt, legt er sie mir rasch auf den Bauch; ich will etwas
sagen [...] obwohl er bereits dabei ist zurückzujagen – wird er nicht
an seinem Platz angetroffen, schlägt man ihn einfach tot [...] der
›Herr Lehrer‹ [...] tat, was er tat, damit ich am Leben bleibe, jedoch
[...] er wurde offensichtlich von etwas anderem geleitet, er tat es offensichtlich vor allem, um selbst am Leben zu bleiben, was er für
mein Überleben tat. Und das ist hier die Frage, und dafür gebt mir
eine Erklärung, wenn ihr könnt, warum er es getan hat. [...] Ja, und
meiner Meinung nach gibt es dafür keine Erklärung, da es auch nicht
vernünftig ist, verglichen mit der klar auf der Hand liegenden Ver-
nünftigkeit einer Verpflegungsration, die in einer Konzentrations-
lager genannten Endlösung dazu dienen kann, das Ende zu vermeiden; [...] erwiderte ich ihr [...], daß dieser Begriff nach meiner
Meinung die Freiheit sei, und zwar deshalb in erster Linie die Frei-

heit, weil der ›Herr Lehrer‹ nicht das tat, was er hätte tun *müssen*, das heißt, was er nach vernünftigem Kalkül von Hunger, Selbsterhaltungstrieb und Wahnsinn und der mit Hunger, Selbsterhaltungstrieb und Wahnsinn in Blutbrüderschaft verbundenen Herrschaft hätte tun *müssen*, er tat vielmehr, alles widerlegend, etwas anderes, etwas, das er nicht hätte tun müssen, etwas, das niemand vernünftigerweise von einem erwartet.«[76]

Der »Herr Lehrer« handelt nicht nach einem Prinzip und nicht nach einem Gesetz, weder einem natürlichen noch nach einem sozial vereinbarten. Und auch nicht nach einem göttlichen. Dass sein Leben mit dem eines Heiligen verglichen wird, illustriert den Beispielcharakter der Handlung für das gute und richtige Tun. Kertész legt großen Wert darauf, herauszustellen, dass die vernünftige Einsicht einen gerade nicht zu diesem Tun veranlasst hätte. Der Ich-Erzähler erklärt das Tun des »Herrn Lehrer« mit dessen Freiheit oder Autonomie, die er sich erhält und die mutmaßlich zu dessen Verständnis vom Menschsein dazugehört. Das Heilige daran ist nicht die Anwesenheit des Göttlichen, sondern dass das Gute wider alle Vernunft und Erwartung vorkommt.

Aber wieso erkennen wir dieses Tun als gut, wenn es, wie Kertész schreibt, wider alle Vernunft ist? Wie vermag das Beispiel des »Herrn Lehrer« für uns attraktiv zu sein? Es handelt sich um keine Attraktivität der Vernunft, des Logos, die uns anzieht oder leitet, obgleich diese das, wie wir gesehen haben, durchaus auch tut. Die Attraktivität entstammt auch nicht der Ästhetik. Attraktivität bedeutet übersetzt, dass etwas uns anzieht und wir auf etwas gerichtet sind.

Das Bild, das Kertész zeichnet, ist keines, dem zufolge die Scham uns auf Regeln der Gerechtigkeit oder Moral verweist, die wir mittels des Verstandes oder einer Erleuchtung durch das Heilige einsehen. Indem er auf die Scham und nicht auf die Schuld verweist, verweist er auch darauf, dass es dem Selbst nicht nur obliegt, einem Gesetz zu folgen oder es abzulehnen, sondern auch dass die Scham und der durch das

Beispiel des »Herrn Lehrer« gegebene Wert des Guten und Gerechten einander bedingen. Ohne die Scham wäre das Beispiel keines für das Gute und Gerechte, der Beispielcharakter würde nicht offenbar werden. Der Leser würde schlicht sagen, dass der »Herr Lehrer« unvernünftig, irrational handelt, indem er tut, was er tut.

Scham gilt schon bei Aristoteles (EN IV 15, 1128 b 10 ff.) nicht als Tugend, sie gilt als Emotion mit Ausrichtung auf das Gerechte und die Würde, die man für sich selbst und andere verteidigen und einfordern muss. Die soziale Scham zwingt den Betreffenden dazu, die Sicht des anderen einzunehmen und nicht nur die Schuld anzunehmen. Die persönliche Scham, bei der sich jemand nicht wie bei der sozialen Scham dafür schämt, bei einem Norm- oder Regelverstoß beobachtet worden zu sein, sondern dafür, etwas getan oder nicht getan zu haben, ohne dass ihn dabei ein anderer bemerkt hätte, setzt die Person als autonomes Wesen voraus: »Was wir vom griechischen Verständnis dieser Reaktionen gesagt haben, daß sie nämlich sowohl über einen Egoismus der Selbstbehauptung als auch über eine konventionelle Anbiederung an die öffentliche Meinung hinausweisen, gilt auch für unser Verständnis der Scham.«[77]

Diese Scham verweist uns als Emotion, die wir unabhängig von möglichen Sanktionen oder möglicher Beobachtung empfinden, also auch auf uns selbst als Wesen, die wir für unser Tun eine Verantwortung haben und frei, das heißt autonom, sind. Sie veranlasst uns, diese Verantwortung zu erkennen und nach ihr zu handeln. Wären wir in dem genannten Sinne nicht frei und verantwortlich für unser Tun, müssten wir uns nur in denjenigen Fällen schämen, in denen das Übertreten konventioneller Standards beobachtet und die soziale Ordnung gestört wird. Bei welchen Gelegenheiten die Scham hervorgerufen wird, spiegelt daher die eigenen (moralischen) Bewertungen wider.

Selbstverständlich ist auch die Verinnerlichung der Scham, die mit der Autonomie einhergeht, eine Haltung, die selbst wiederum Bestandteil eines Normverhaltens ist. Denn sich unabhängig von möglichen Sanktionsinstanzen für ein Tun zu schämen bedeutet, den eigenen Ansprüchen und Erwartungen nicht gerecht geworden zu sein. Man hat nicht so gehandelt, wie man der eigenen Ansicht und dem eigenen Anspruch nach hätte handeln *sollen*. Dieses Sollen weist den imperativen Charakter von Normen auf – im Gegensatz zu (moralischen) Werten, die einen paradigmatischen, beispielhaften Charakter haben.

Wie bereits gesagt, wäre das Beispiel des »Herrn Lehrer« ohne die Scham keines für das Gute und Gerechte, weil der Beispielcharakter nicht offenbar werden würde. Da mit der Scham eine Bewertung einhergeht, die ohne sie nicht gegeben wäre, stellt sich die Frage, wie wir in moralischer Hinsicht lernen können. Wir müssen uns erinnern, sagt der Ich-Erzähler bei Kertész, um die Scham immer wieder hervorzurufen, weil erst sie die Bewertung des Erinnerten enthält, sie erst macht klar, warum das Handeln des Gerechten gut und beispielhaft ist, warum wir ihm nacheifern und folgen sollten. Der Wert der Autonomie für den Menschen lässt sich nicht vorschreiben, er muss beispielhaft erfahren werden.

Anmerkungen

1 Als Oberbegriff umfasst er häufig sogar Empfindungen, wenn »feeling« aus dem Englischen fälschlich mit »Gefühl« anstatt mit »Empfindung« übersetzt wird.

2 Vgl. für detaillierte Auskünfte den Artikel »Gefühl« im Historischen Wörterbuch der Philosophie, Bd. 3, Basel 1974, Sp. 82–96.

3 Vgl. hierzu H. J. Markowitsch / H. Welzer, Das autobiographische Gedächtnis. Hiernorganische Grundlagen und biosoziale Entwicklung, Stuttgart 2005, S. 170.

4 So ist diese Form der ehelichen Liebe auch bei den indonesischen Makassar die höchste Form der ehelichen Liebe und Bindung, aber keinesfalls diejenige, die alle Eheleute unbedingt anstreben sollten. Vgl. B. Röttger-Rössler, Die kulturelle Modellierung des Gefühls. Ein Beitrag zur Kultur und Methodik ethnologischer Emotionsforschung anhand indonesischer Fallstudien, Münster 2004, S. 342–349.

5 Vgl. hierzu E.-M. Engelen u. a., Towards Conceptual Foundations for Bio-Cultural Research on Emotions, in: B. Röttger-Rössler / H. J. Markowitsch (Hg.), Emotions as Bio-Cultural Processes, New York 2007.

6 So ähnlich etwa: M. Nussbaum, Upheavals of Thought. The Intelligence of Emotions, Cambridge 2001.

7 R. C. Salomon, The Passions. Emotions and the Meaning of Life, Indianapolis/Cambridge 1993, S. 126.

8 Vgl. zu Emotionen als Wünschen etwa R. Wollheim, Emotionen. Eine Philosophie der Gefühle, München 2001.

9 M. Nussbau, Upheavals of Thought, a. a. O., S. 4.

10 Vgl. S. Blackburn, To Feel and Feel not, in: The New Republic Online, 24. 12. 2001.

11 Vgl. M. Nussbaum, Upheavals of Thought, a. a. O., S. 61.

12 F. Strack / L. L. Martin / S. Stepper (1988), Inhibiting and Facilitating Conditions of the Human Smile: A Nonobtrusive Test of the Facial Feedback Hypothesis, in: Journal of Personality and Social Psychology 54 (5), 768–777.

13 Vgl. J. Panksepp, Affective Neuroscience. The Foundations of Human and Animal Emotions, New York / Oxford 1998.

14 Vgl. D. Dennett, Cognitive wheels. The frame problem in AJ, in: Z. W. Pylyshyn (Hg.), The Robots' Dilemma. The Frame Problem in Artificial Intelligence, Norwood/N. J. 1987, S. 41–64, hier S. 42.

15 A. R. Damasio, Descartes' Irrtum. Fühlen, Denken und das menschliche Gehirn, München 1997, S. 85.

16 Ebenda, S. 84.

17 Vgl. R. DeSousa, Die Rationalität des Gefühls, Frankfurt am Main 1997, S. 319.

18 Vgl. A. G. Sanfey u. a., The neural basis of economic decision-making in the Ultimatum Game, in: Science 300 (2003), S. 1755–1758.

19 Frankfurt versteht affektive Phänomene als willkürlich auftretende Impulse, was der Grund für ihn sein könnte, Liebe nicht als affektives Phänomen und Gefühl einzuordnen. Dass aber weder Emotionen noch Gefühle willkürlich auftretende Phänomene sind, wurde bereits erläutert.

20 H. Frankfurt, The Importance of What We Care About, in: ders., The Importance of What We Care About. Philosophical Essays, Cambridge 1988, S. 80–94 hier 85.

21 H. Frankfurt, Über Liebe und ihre Gründe, in: ders., Gründe der Liebe, Frankfurt am Main. 2005, S. 39–75 hier S. 47.

22 Ebd., S. 49.

23 Ebd.

24 Ebd.

25 Ebd., S. 53.

26 Ebd., S. 65.

27 Ebd., S. 68.

28 Ebd., S. 55.

29 Ebd., S. 68.

30 Ausschnitte aus dem Vortrag »Some Mysteries of Love« von Harry Frankfurt; im Internet zu finden unter http://ethics.acusd.edu/video/Frankfurt/Contours/Frankfurt_Lecture.html.

31 Das gilt selbst dann, wenn man in Rechnung stellt, dass Frankfurt auf den volitionalen (willensbestimmten) Gehalt der Liebe abstellt und nicht auf den affektiven.

32 Auch dieses Zitat von Frankfurt stammt aus dem Vortrag »Some Mysteries of Love«, der im Internet zu finden ist.

33 Platon-Zitate aus: Platon, Symposion, hrsg. und übers. von F. Boll, bearb. von W. Buchwald und R. Nickel, Düsseldorf/Zürich 1998.

34 L. Wittgenstein, Bemerkungen über logische Form, in: ders., Vortrag über Ethik und andere kleine Schriften, hg. von J. Schulte, Frankfurt am Main 1989, S. 20–28, hier S. 26.

35 W. Hildesheimer, Mitteilungen an Max über den Stand der Dinge und anderes, Frankfurt am Main 1992, S. 58.

36 A. R. Damasio, Ich fühle, also bin ich. Die Entschlüsselung des Bewusstseins, München 2000.

37 Ebenda, S. 21.

38 Ebenda, S. 19.

39 Vgl. ebenda, S. 205 und 224.

40 M. Tye, Das brennende Haus, in: Metzinger, T. (Hg.), Bewusstsein. Beiträge aus der Gegenwartsphilosophie, 4. Aufl., Paderborn 2001, S. 104.

41 Vgl. ebenda, S. 104 und 106.

42 Ebenda, S. 108.

43 Ders., Das Problem primitiver Bewußtseinformen. Haben Bienen Empfindungen?, in: F. Esken / H.-D. Heckmann (Hg.), Bewußtsein und Repräsentation, 2. Aufl., Paderborn 1999, S. 119.

44 Es handelt sich aber auch nicht nur um simple Fälle der Aufmerksamkeitsfokussierung, wie man meinen könnte, wenn man sich nur den Autofahrer-Fall ansieht. Denn im Vorleser-Fall kann das Bewusstsein, die Aufmerksamkeit durchaus auf den Akt des Vorlesens gerichtet sein und die Vorleserin dennoch nicht wissen, was sie vorliest, weil sie darüber nachdenkt, dass sie gerade vorliest, dieses Vorlesen aber in einem bestimmten Sinne »unbewusst« ist, denn sie weiß ja, dass sie liest. Der Unterschied besteht darin, dass Lesen zum einen keine Empfindung ist und zum anderen nicht einfach ein stärkerer Reiz die Aufmerksamkeit umgelenkt hat. Vielmehr kann man nach Belieben zwischen bewusstem Vorlesen und Nachdenken über unbewusstes Vorlesen hin und her wechseln.

45 F. Esken / H.-D. Heckmann, Generelle Einführung: Bewußtsein und Repräsentation. Bemerkungen über zwei Schlüsselbegriffe, ihre Ausdifferenzierung und ihren Zusammenhang, in: dies. (Hg.), Bewußtsein und Repräsentation, Paderborn 1999, S. 11–49.

46 Vgl. ebenda, S. 33.

47 Vgl. etwa H. Putnam, The Threefold Cord. Mind, Body and World, New York 1999, S. 102–106.

48 R. Descartes, Die Leidenschaften der Seele, übers. und hg. von K. Hammacher, 2. Aufl., Hamburg 1996, Artikel 52.

49 Vgl. ebenda.

50 Ebenda.

51 Ebenda, Art. 137.

52 A. R. Damasio, Ich fühle, also bin ich, a. a. O., S. 14.

53 Vgl. H. Putnam, The Threefold Cord, a. a. O., S. 128–132.

54 F. Dretske, Wozu ist Bewußtsein gut?, in: F. Esken / H.-D. Heckmann (Hg.), Bewußtsein und Repräsentation, Paderborn 1999, S. 73–90.

55 M. Tye, Das Problem primitiver Bewußtseinsformen. Haben Bienen Empfindungen?, in: F. Esken / H.-D. Heckmann (Hg.), Bewußtsein und Repräsentation, a. a. O., S. 104 f.

56 Vgl. F. Drestske, Wozu ist Bewußtsein gut?, a. a. O., S. 75.

57 Vgl. J. L. Mackie, Ethics. Inventing Right and Wrong, London 1977, S. 19.

58 Vgl. J. McDowell, Values and Secondary Qualities, in: T. Honderich (Hg.), Morality and Objectivity. A Tribute to J. L. Mackie, London/Boston/Melbourne 1985, S. 110–129, hier S. 120: »Shifting to a secondary-quality analogy renders irrelevant any worry about how something that is brutely there could nevertheless stand in an internal relation to some exercise of human sensibility. Values are not brutely there – not there independently of our sensibility – any more than colours are: though, as with colours, this does not stop us supposing that they are there independently of any particular apparent experience of them.«

59 Vgl. J. McDowell, Two Sorts of Naturalism, in: R. Hursthouse / G. Lawrence / W. Quinnin (Hg.), Virtues and Reasons. Essays in Honour of P. Foot, Oxford 1995, S. 149–179.

60 Ebenda, S. 168 f. Wenn McDowell davon spricht, dass es keine Analogie zwischen dem Logos der Wissenschaften und dem in der Ethik gibt, meint er allerdings einen Logos, dessen Begriff der Notwendigkeit auf unabhängige Tatsachen gegründet ist. Ebenda, S. 149.

61 Ebenda, S. 170.

62 McDowell führt den Logosbegriff in Verbindung mit dem der Vernunft ein. Gemeint ist in beiden Fällen, dass diejenigen Lebe-

wesen, die über Vernunft oder Logos verfügen, über begriffliche
Fähigkeiten verfügen; vgl. ebenda, S. 151. Er verweist in diesem
Zusammenhang auf den Logosbegriff der Griechen; da er nur auf
Aristoteles eingeht, ist jedoch davon auszugehen, dass er den
aristotelischen Logosbegriff vor Augen hat. Bei Aristoteles um-
fasst der Logos die Definition des einzelnen Wortes, das logische
Urteil, den logischen Schluss und den Beweis.

63 Ebenda, S. 170. Man könnte annehmen, dass der Umstand, dass
die Vernunft oder der Logos es bei McDowell erlauben, von
den Instinkten einen Schritt zurückzutreten, seinen Logosbegriff gerade von dem wittgensteinschen unterscheidet, ein
Urteil erzwingt. Auch bei Wittgenstein ist das Denken von
Alternativen jedoch grundsätzlich denkbar, die Logik erzwingt
nur ein Urteil darüber, ob die Alternativen als richtig oder falsch
(im praktischen Zusammenhang gut oder schlecht) beurteilt
werden.

64 Ebenda, S. 171.

65 Ebenda, S. 174.

66 P. Rossi, Die Moral zwischen Natur und Geschichte, in: H. Pless-
ner (Hg.), Natur und Geschichte. Karl Löwith zum 70., Stuttgart/
Köln 1967, S. 274–301, hier S. 298.

67 Vgl. J. McDowell, Two Sorts of Naturalism, a. a. O. , S. 173.

68 Vgl. für einen Überblick zu dieser Diskussion: H. Steinfath, Gefühle und Werke, in: Zeitschrift für philosophische Forschung 55
(2001), S. 196–220, hier S. 201-204.

69 Vgl. W. James, The Varieties of Religious Experience, in: The
Works of William James, Cambridge/Mass. 1985, S. 126.

70 Vgl. H. Steinfath, Gefühle und Werte, a. a. O., S. 220.

71 Vgl. J. Deigh, Moral Ideas, in: W. Sinnott-Armstrong / R. Audi
(Hg.), Rationality, Rules, and Ideals, Lanham 2002, S. 181–198,
hier S. 193. Den Hinweis auf John Deighs Position verdanke ich
Holmer Steinfath. Steinfath bezieht in einem Vortrag, den er am
Zentrum für interdisziplinäre Forschung der Univeristät Bielefeld
gehalten hat, Deighs »moral ideals« auf »moralische Werte«.

72 J. Kerész, Kaddisch für ein nicht geborenes Kind, Reinbek 2002,
S. 38 f.

73 Ebenda, S. 38 f.

74 Vgl. S. Neckel, Achtungsverlust und Scham. Die soziale Gestalt
eines existentiellen Gefühls, in: H. Fink-Eitelt / G. Lohmann, Zur

Philisophie der Gefühle, Frankfurt am Main 1993, S. 244–265, hier S. 247.

75 Vgl. J. Deigh, Moral Ideals, a. a. O., S. 193. »[...] moral ideals, however [...] one can take as models of conduct. Accordingly, they belong to a different category of standards from rules. Models of conduct are standards one lives up to or realizes. [...] Where precepts take the form of an imperative, models are presented in images, pictures, and portraits. Were precepts guide by explicit direction, models guide by inviting emulation or imitation. [...] As my observation from learning suggests, we get our ideals from examples that people whom we look up to or admire set.«

76 Ebenda, S. 56–60 und 63.

77 B. Williams, Scham, Schuld und Notwendigkeit. Eine Wiederbelebung antiker Begriffe der Moral, Berlin 2000, S. 103.

Kommentierte Bibliografie

1. Standardmonografien

Ben-Ze'ev, A., The Subtlety of Emotions, Cambridge / Mass. 2000.
Philosophische Arbeit mit starken Anleihen aus der psychologischen
und neurophysiologischen Theoriebildung. Zeichnet sich dadurch
aus, dass in allen Abschnitten Beispiele von einzelnen Emotionen
besprochen werden.

Blackburn, S., Ruling Passions. A Theory of Practical Reasoning, Oxford.
Entwickelt eine naturalistische Theorie der Ethik, die Emotionen als
eine Grundlage mit einbezieht.

Damasio, A. R., Descartes' Irrtum. Fühlen, Denken und das menschliche Gehirn, München 1997.
Hier werden empirisch fundierte Hypothesen aufgestellt, inwiefern
das menschliche Denken und Handeln auf Emotionen angewiesen
ist.

Damasio, A. R., Ich fühle, also bin ich. Die Entschlüsselung des Bewusstseins, München 2000. (Engl. Original: Damasio, A. R., The Feeling of What Happens. Body and Emotion in the Making of Consciousness, New York 1999.)
Der bekannteste aus der Neurophysiologie stammende Ansatz, eine
Theorie zum Verhältnis von Emotionen und Bewusstsein zu entwickeln.

DeSousa, R., Die Rationalität des Gefühls, Frankfurt am Main 1997.
(Engl. Original: De Sousa, R., The Rationality of Emotions, Cambridge/Mass. 1987.)
Eine der ersten Studien, die aus Sicht der analytischen Philosophie
das Verhältnis von Emotionen und Rationalität neu überdenken.
Diese Arbeit ist grundlegend, aber in ihren systematischen Aus-

führungen und Zusammenhängen nicht immer ausreichend deutlich. Häufig müssen die Abschnitte daher mehrmals gelesen werden.

Elster, J., Alchemies of the Mind. Rationality and the Emotions, Cambridge 1999.
In dieser Arbeit wird noch einmal die erforderliche Beeinflussung von Emotionen und Gefühlen durch den Verstand reflektiert.

Frijda, N. H., The Emotions, Cambridge 1986.
Die Studie stellt die Einschätzungstheorien der Psychologie in verständlicher Weise vor.

Goldie, P., The Emotions. A Philosophical Exploration, Oxford 2000.
Verständlicher Vorschlag seitens der Philosophie, wie Emotionen und Gefühle narrativ zu rekonstruieren und zu erklären sind.

Griffiths, Paul E., What Emotions Really Are. The Problem of Psychological Categories, Chicago 1997.
Eine wichtige wissenschaftstheoretische Kritik von philosophischer Seite an biologischen und psychologischen Theoriemodellen für Emotionen.

LeDoux, J., Das Netz der Gefühle. Wie Emotionen entstehen, München 2001. (Engl. Original: LeDoux, J., The Emotional Brain. The Mysterious Underpinnings of Emotional Life, New York 1996.)
Einflussreiche populäre Darstellung aus neurophysiologischer Perspektive, in der insbesondere am Beispiel der Angst ausführlich dargelegt wird, inwiefern emotionale Auslösereize unbewusst verarbeitet werden und zu bewussten emotionalen Empfindungen werden.

Nussbaum, M. C., Upheavals of Thought. The Intelligence of Emotions, Cambridge 2001. Eine sehr umfangreiche Verteidigung des Kognitivismus aus philosophischer Sicht mit zahlreichen Analysen literarischer Textbeispiele.

2. Sammelbände

Benthien, C. / Fleig, A. / Kasten, I. (Hg.), Emotionalität. Zur Geschichte der Gefühle, Köln/Weimar/Wien 2000.
Der Band enthält historische Untersuchungen aus Philosophie, Literatur- und Geschichtswissenschaften zum Verständnis und zur Funktion von Emotionen und Gefühlen von der Antike bis nach dem Zweiten Weltkrieg. Einige der Beiträge sind sehr differenziert und richtungweisend für die historische Beschäftigung mit dem Thema.

Döhring, S. A. / Mayer, V. (Hg.), Die Moralität der Gefühle, Berlin 2002.
Der Band enthält entgegen der Titelinformation nicht nur Aufsätze zum Themenfeld Gefühle, Emotionen und Moral, sondern auch zur kognitiven Relevanz von Emotionen.

Ekman, P. / Davidson, R.J.(Hg.), The Nature of Emotion. Fundamental Questions, New York / Oxford 1994.
Hier werden tatsächlich fundamentale Fragen der Emotionsforschung aus Sicht der Psychologie und Biologie von führenden Vertretern der jeweiligen Emotionsforschung diskutiert.

Fink-Eitel, H. / Lohmann, G. (Hg.), Zur Philosophie der Gefühle, Frankfurt am Main 1993.
Eine frühe deutsche Veröffentlichung, die systematisch bereits zentrale Aspekte der Emotionsforschung aus philosophischer Perspektive aufgenommen hat.

Rorty-Oksenberg, A. (Hg.), Explaining Emotions, Berkley 1980.
Vertreter aus Psychologie, Biologie, Philosophie und Religionswissenschaften, die nach wie vor zu den führenden Vertretern der Emotionsforschung gehören, sind hier bereits gemeinsam zu Wort gekommen.

Stephan, A. / Walter, H. (Hg.), Natur und Theorie der Emotion, 2. Aufl., Paderborn 2004.
In diesem Band sind einschlägige interdisziplinäre Ansätze aus Philosophie und Neurowissenschaften vereinigt.

3. Einführungen und Nachschlagewerke

Artikel »Gefühl« in: Historisches Wörterbuch der Philosophie, Bd. 3, Basel 1974, Sp. 82–96.

Demmerling, Ch. / Landweer, H., Philosophie der Gefühle. Von Achtung bis Zorn, Stuttgart 2007.

Hartmann, M., Gefühle. Wie die Wissenschaften sie erklären, Frankfurt am Main 2005.
Hier werden Grundzüge kognitionswissenschaftlicher, psychologischer und biologischer Theoriebildung dargestellt, und am Ende wird auch auf die Grenzen dieser Art der Theoriebildung hingewiesen.

Hastedt, H., Gefühle. Philosophische Bemerkungen, Stuttgart 2005.
Sehr breit angelegte Überblicksdarstellung zu einigen zentralen Gesichtspunkten der laufenden Debatte um Emotionen und Gefühle.

4. Historische Werke

Darwin, Ch., Der Ausdruck der Gemütsbewegungen bei den Menschen und den Tieren, kritische Edition, Einleitung und Nachwort von P. Ekman, Frankfurt am Main 2000. (Engl. Ausg.: Ch. Darwin, The Expression of the Emotions in Man and Animal, Oxford 1998.)
Diese schöne Ausgabe hat nicht nur den Vorteil, dass sie gute Abbildungen der historischen Fotografien von Guillaume Duchenne de Boulogne zur Reizung der Gesichtsmuskulatur enthält, die Darwin selbst schon verwendet hat, sondern auch den, dass Paul Ekman im Vorwort erläutert, inwiefern seine eigene einflussreiche Forschung auf Darwins Abhandlung zurückgeht.

Descartes, R., Die Leidenschaften der Seele, französisch-deutsch, übers. und hg. von K. Hammacher, 2. Aufl., Hamburg 1996.

James, W., Principles of Psychology, New York 1890.

5. Sonstige wichtige Beiträge

Blackburn, S., To Feel and Feel Not, Rezension zu Martha Nussbaums Buch Upheavals of Thought: The Intelligence of Emotions, New York 2001, in: The New Republic Online, 24. 12. 2001.
Zeigt die Grenzen rein kognitivistischer Emotionstheorien auf.

Deigh, J., Moral Ideals, in: Sinnott-Armstrong, W. S. / Audi, R. (Hg.), Rationality, Rules, and Ideals. Critical Essays on Bernard Gert's Moral Theory, Boston 2002, S. 181–198.

Dennett, D., Cognitive wheels. The frame problem in AJ, in: Z. W. Pylyshyn (Hg.), The Robot's Dilemma. The Frame Problem in Artificial Intelligence, Norwood / N. J. 1978, S. 41–64.

Dretske, F., Wozu ist Bewußtsein gut?, in: Esken, F. / Heckmann, H.-D. (Hg.), Bewußtsein und Repräsentation, 2. Aufl., Paderborn 1999, S. 73–90.

Ekman, P., Expression and the Nature of Emotion, in: Scherer, K. / Ekman, P. (Hg.), Approaches to Emotion, Hillsdale 1984, S. 293–318.

Ekman, P., An Argument for Basic Emotions, in: Cognition and Emotion 6 (1992), S. 169–200.

Elster, J., Sadder but wiser? Rationality and the emotions, in: Social Science Information 24 (1985), S. 375–406.

Engelen, E.-M., Erkenntnis und Liebe. Zur fundierenden Rolle des Gefühls bei den Leistungen der Vernunft, Göttingen 2003.
Enthält historische und systematische Erörterungen zu Rolle und Funktion von Gefühlen in der theoretischen Philosophie.

Engelen, E.-M., / Korte, M., Bewußtsein als Gefühl gesehen. Antonio R. Damasios Entschlüsselungsversuch, in: Merkur. Deutsche Zeitschrift für Europäisches Denken, Heft 1 (2002), 56. Jg., S. 57–60.

Engelen, E.-M. / Markowitsch, H. / Scheve, C. v., u. a. Emotions as Bio-Cultural Processes. Disciplinary Debates and an Interdisciplinary Outlook, in: Röttger-Rössler, B. / Markowitsch, H. J. (Hg.), Emotions as Bio-Cultural Processes, New York 2007.
Enthält den Vorschlag, die theoretischen Ansätze aus der physiologischen, psychologischen, philosophischen und ethnologischen Emotionsforschung zu verbinden.

Esken, F. / Heckmann, H.-D., Generelle Einführung: Bewußtsein und Repräsentation. Bemerkungen über zwei Schlüsselbegriffe, ihre

115

Ausdifferenzierung und ihren Zusammenhang, in: dies. (Hg.), Bewußtsein und Repräsentation, Paderborn, 1999, S. 11–49.

Frank, R. H., Passions within Reason. The Strategic Role of the Emotions, New York 1988.

Frankfurt, H., The Importance of What We Care About, in: ders., The Importance of What We Care About. Philosophical Essays, Cambridge 1988, S. 80–94 hier 85.

Frankfurt, H. G., The Reasons of Love, Princeton/Oxford 2004.

Frankfurt, H., Über Liebe und ihre Gründe, in: ders., Gründe der Liebe, Frankfurt a. M. 2005, S. 39–75 hier S. 47.

Frankfurt, H. G., Some Mysteries about Love, nicht gedrucktes Manuskript einer Vorlesung, die im Netz heruntergeladen werden kann.

Frijda, N. H., Emotion, Cognitive Structure, and Action Tendency, in: Cognition and Emotion 1 (1987), S. 115–143.

Frijda, N. H. / Mesquita, B. / Sonnemans, J. / van Goozen, S., The duration of affective phenomena or emotions, sentiments and passions, in: International Review of Studies on Emotion 1 (1991), S. 187–225.

Kiesow, R. M. / Korte, M. (Hg.), Emotionales Gesetzbuch. Dekalog der Gefühle, Köln/Weimar 2005.
Forscher und Forscherinnen aus verschiedenen Disziplinen äußern sich aus ihrer jeweils disziplinären Sicht zu normativen Aussagen über Emotionen.

Korte, M. / Engelen, E.-M., Gefühl, Bewusstsein und Gehirn oder Von Gefühlen in Gehirnen, in: Naturwissenschaftliche Rundschau 55, Heft 6 (2002), S. 302–307.

Luhmann, N., Liebe als Passion. Zur Codierung von Intimität, Frankfurt am Main 1982. Luhmann rekonstruiert den westlichen romantischen Liebesbegriff in diesem Buch als kulturellen Code.

Markowitsch, H. J. / Welzer, H., Das autobiographische Gedächtnis. Hirnorganische Grundlagen und biosoziale Entwicklung, Stuttgart 2005.
Enthält ein Kapitel zur »Sozialisierung von Gefühlen«.

Neckel, S., Achtungsverlust und Scham. Die soziale Gestalt eines existentiellen Gefühls, in: Fink-Eitel, H. / Lohmann, G., Zur Philosophie der Gefühle, Frankfurt am Main 1993, S. 244–265.

Ortony, A. / Clore, G. L. / Collins, A., The Cognitive Structure of Emotions, New York 1988.

116

Panksepp, J., Affective Neuroscience. The Foundations of Human and Animal Emotions, New York / Oxford 1998.

Parkinson, B. / Manstead, A. S., Appraisal as a Cause of Emotion, in: Clark, M. S. (Hg.), Emotion. Review of Personality and Social Psychology, Newbury Park 1992, S. 122–149.

Putnam, H., The Threefold Cord. Mind, Body, and World, New York 1999.

Rolls, E. T., The Brain and Emotion, Oxford 2001.

Roth, G., Fühlen, Denken, Handeln. Wie das Gehirn unser Verhalten steuert, Frankfurt am Main 2001.

Röttger-Rössler, B., Die kulturelle Modellierung des Gefühls. Ein Beitrag zur Kultur und Methodik ethnologischer Emotionsforschung anhand indonesischer Fallstudien, Münster 2004.
Eine exemplarische ethnologische Studie, die auch die Forschungsansätze anderer Disziplinen einbezieht.

Röttger-Rössler, B., Emotion und Kultur. Einige Grundfragen, in: Zeitschrift für Ethnologie 127 (2002), S. 147–162.

Scherer, K. R., Appraisal Considered as a Process of Multilevel Sequential Checking, in: Scherer, K. R. / Schorr, A. / Johnstone, T. (Hg.), Appraisal Processes in Emotion, New York 2001, S. 92–120.

Solomon, R., Back to Basics. On the Very Idea of »Basic Emotions«, in: Journal for the Theory of Social Behaviour 32 (2002), S. 115–144.

Sorabji, R., Emotion and Peace of Mind. From Stoic Agitation to Christian Temptation, Oxford 2000.
Eine lesenswerte historische Arbeit, die sich im Wesentlichen mit der antiken Tradition beschäftigt.

Steinfath, H., Orientierung am Guten. Praktische Überlegungen und die Konstitution von Personen, Frankfurt am Main 2001.
In dieser Arbeit werden Gefühle in den Zusammenhang einer systematischen Theorie der Ethik eingebettet.

Steinfath, H., Gefühle und Werte, in: Zeitschrift für philosophische Forschung 55 (2001), S. 196–220.
Die derzeit klarste Darstellung zur systematischen Funktion von Emotionen und Gefühlen in der Ethik.

Strack, F. / Martin, L. L. / Stepper, S., Inhibiting and Facilitating Conditions of the Human Smile: A Nonobstrusive Test of the Facial Feedback Hypothesis, in: Journal of Personality and Social Psychology 54 (1988), S. 768–77.

Tye, M., Das Problem primitiver Bewußtseinsformen. Haben Bienen Empfindungen?, in: Esken, F. / Heckmann, H.-D. (Hg.), Bewußtsein und Repräsentation, 2. Aufl., Paderborn 1999, S. 91–122.

Tye, M., Das brennende Haus, in: Metzinger, T. (Hg.), Bewusstsein. Beiträge aus der Gegenwartsphilosophie, 4. Aufl., Paderborn 2001, S. 103–112.

Williams, B., Scham, Schuld und Notwendigkeit. Eine Wiederbelebung antiker Begriffe der Moral, Berlin 2000. (Engl. Original: Williams, B., Shame and Necessity, Berkeley et al. 1993).

Williams zeigt am Beispiel der Scham, welche Funktion Emotionen in der antiken ethischen Tradition hatten und in der derzeitigen systematischen Diskussion immer noch haben.

Schlüsselbegriffe

Affektprogramme Angeborene affektive oder emotionale Mechanismen, die durch einen für sie spezifischen Reiz ausgelöst werden. Sie legen fest, wie emotionale Reaktionen ablaufen, und sind nur bedingt durch bewusste Überlegungen und den Willen zu beeinflussen. Das sich aus dem jeweiligen Affektprogramm ergebende Reaktionsmuster läuft stets in ähnlicher Weise ab und enthält zumeist folgende Elemente: einen spezifischen Gesichtsausdruck, eine spezifische Körperhaltung sowie eine spezifische Stimmfärbung, eine Änderung des Hormonspiegels und automatische Reaktionen durch das Nervensystem.

Axiologie In der Ethik eine Theorie darüber, was bedeutend und wertvoll ist, also eine Lehre von den Werten.

Disposition, emotionale (Hintergrundgefühl) Fähigkeit beziehungsweise Anlage zu emotionalen oder affektiven Reaktionen. Die emotionale Disposition geht nicht während der gesamten Dauer, in der sie besteht, mit einer akuten Empfindung einher.

Einschätzung (appraisal) Terminus, der aus den sogenannten Einschätzungstheorien aus der Psychologie stammt, aber auch in der philosophischen Literatur verwendet wird. Gefragt wird nach der Einschätzung oder Bewertung von Vorgängen durch emotionale Prozesse. Im Mittelpunkt dieser Überlegungen stehen die kognitiven Funktionen von Emotionen. Situationen oder Vorgänge werden hinsichtlich ihrer Bedeutung für den einschätzenden Organismus bewertet.

Emotion, basale Basale emotionale Prozesse (Basisemotionen) gelten als angeborene physiologische Mechanismen. Vertreter einer Theorie sogenannter basaler Emotionen gehen davon aus, dass sie bei allen Menschen und sogar bei Primaten und anderen Säugetieren vorkommen. Emotionen wie Furcht/Angst, Wut/Zorn/Ärger, Freude, Ekel und Trauer im Sinne eines Verlustgefühls gelten ge-

119

meinhin als basal. Die Einteilung in basale Emotionen und komplexe Emotionen stellt jedoch nur einen Weg dar, Emotionen zu kategorisieren. Eine andere Möglichkeit liegt darin, von den Einschätzungen beziehungsweise Einschätzungsmechanismen auszugehen. Die Einteilung in basale Emotionen und komplexe Emotionen ergibt sich aus einer evolutionstheoretischen Betrachtung von Emotionen, die ihr Augenmerk auf die Entstehung psychischer und psychophysiologischer Mechanismen legt. Die den basalen Emotionen zugrunde liegenden Mechanismen sind in diesem Theorieansatz das Ergebnis einer natürlichen Selektion und haben eine entsprechende adaptive Funktion.

Emotion, komplexe Komplexe Emotionen setzen sich aus basalen Emotionen zusammen. Sie werden im Verlauf eines Sozialisations- und Erziehungsprozesses erworben. Um komplexe Emotionen haben zu können, muss das Subjekt über ein Selbstbild verfügen, das es in Bezug zu anderen Subjekten setzen kann.

Evaluationsmechanismus Einschätzungsprozess, der Bestandteil emotionaler Prozesse ist. Eine Situation oder ein Ereignis wird eingeschätzt oder bewertet.

Formalobjekt Ein formales Objekt ist eine Eigenschaft (zum Beispiel furchterregend), die eine Emotion (zum Beispiel Furcht) ihrem Zielobjekt (zum Beispiel Hund) implizit zuschreibt. Mit diesem Konzept sollen verschiedene Emotionen, die sich rein aufgrund ihrer physiologischen Erscheinungsformen (Schweißausbruch, Herzklopfen, Zittern) nicht unterscheiden lassen, als spezifische Emotionen (Angst, Freude, Verliebtheit) bestimmen lassen.

Intentionalität Gerichtetheit eines psychischen – also auch eines emotionalen – Prozesses auf eine Situation, einen Sachverhalt, ein Objekt.

James–Lange–Theorie Emotionen sind nach dieser Theorie Repräsentationen von physischen Vorgängen. Das Gehirn registriert die physiologischen Vorgänge und repräsentiert sie als Emotion. Der Ansatz von Antonio Damasio fußt auf dem Modell von William James und Carl Gustav Lange. Nach Damasios Theorie sind Emotionen und Gefühle neuronale Repräsentationen von Veränderungen im Körper eines Menschen.

Kognitivismus In Emotions- und Gefühlstheorien wird damit eine Position bezeichnet, nach der Emotionen und Gefühle durch Einschätzungen, Bewertungen, Urteile, Wünsche oder Überzeugungen mitkonstituiert werden.

Marker, somatischer Begriff von Antonio Damasio, der Repräsentationen im Gehirn bezeichnet, die meist unbewusst bestimmte Vorgänge als gut oder schlecht, angenehm oder unangenehm, gefährlich oder ungefährlich bewerten beziehungsweise »markieren«.

Philosophie des Geistes Philosophische Theorieansätze zur Klärung psychischer Phänomene werden unter dem Begriff der Philosophie des Geistes zusammengefasst. Insbesondere Fragen des Verhältnisses von Körper und Geist, Gehirn und Bewusstsein werden unter dieser Bezeichnung diskutiert, aber auch die Frage, welche Funktionsweisen das Bewusstsein hat und wie Sinnesqualitäten, Bewusstsein und Subjektivität erklärt werden können.

Qualia Die mit Empfindungen einhergehenden speziell erlebten Eindrücke. Bei einer Emotion oder einem Gefühl ist damit die Art und Weise, wie es sich anfühlt, ein bestimmtes Gefühl oder eine bestimmte Emotion zu haben, gemeint.

Qualität, phänomenale Wenn auf die phänomenale Qualität von Emotionen und Gefühlen hingewiesen wird, wird damit hervorgehoben, dass es sich in einer bestimmten Weise anfühlt, eine Emotion oder ein Gefühl zu empfinden, während das etwa bei Absichten, Wünschen oder Wahrnehmungen nicht der Fall ist. Es fühlt sich beispielsweise nicht in einer bestimmten Art und Weise an, eine Wahrnehmung zu haben.

Rahmenproblem Damit wird die Frage bezeichnet, wie und woher wir wissen, welche Informationen für eine Schlussfolgerung relevant sind und welche nicht. Das menschliche kognitive Vermögen filtert die erforderlichen relevanten Informationen meist automatisch heraus. Weitgehend unklar ist, wie das geschieht.

Reiz-Reaktionsmuster Auf bestimmte Auslösereize hin automatisch ablaufende physiologische Prozesse.

Repräsentation, mentale Annahme, dass mentale Zustände andere Zustände wie etwa äußere Situationen darstellen und insofern einen Gehalt haben.

Tugenden Im Zusammenhang der Ethik werden damit die verschiedenen vorzüglichen Eigenschaften einer Person bezeichnet, die es erlauben, sie als gut zu bezeichnen.

Wert, extrinsisch Zweckrelativer Wert, der bezüglich der Erfüllung eines bestimmten Zwecks gilt.

Wert, intrinsisch Gilt nicht nur mit Blick auf die Erfüllung eines bestimmten Zwecks, sondern aufgrund der in der Sache liegenden Eigenschaften.

Zustand, mentaler In der Philosophie des Geistes werden unter mentalen oder psychischen Zuständen die folgenden gefasst: Gedanken, Empfindungen und Wahrnehmungen.

Zeittafel

Antike

In antiken Texten geht es mit Blick auf Emotionen und Gefühle darum, sie so in das eigene Leben und die Charakterbildung einzubinden, dass man zu einer ausgeglichenen Lebensweise sowie einem ausgewogenen Umgang mit anderen und sich selbst gelangt. Man soll zum Souverän seiner Emotionen und Gefühle werden, um zu Einsicht, Weisheit und einem guten Leben zu gelangen. Dieser gedankliche Faden reicht von Platon (428/427 v. Chr. – 348/347 v. Chr.) über Aristoteles (384 v. Chr. – 322 v. Chr.) bis zur Stoa (um 300 v. Chr.) und den Epikureern (Epikur 341 v. Chr. – 270 v. Chr.). Dem Erfordernis der Herrschaft über die Gefühle und Emotionen wird immer wieder die Integration der Gefühle in die Vernunft an die Seite gestellt. Insbesondere bei Platon und Aristoteles wird die menschliche Affektivität auch als etwas Natürliches angesehen, das in das richtige Verhältnis zur Vernunft zu setzen ist.

Mittelalter

Spätantike und mittelalterliche Autoren wie Augustin (354 bis 430 n. Chr.) und Thomas von Aquin (1224–1274 n. Chr.), die an die antike Tradition anknüpfen, verstärken die Trennung zwischen natürlichen Emotionen, die Ausdruck des Körpers sind, und transzendenten Gefühlen, die die menschliche Seele auf Gott richten. Im Zentrum der Erörterungen stehen weniger Überlegungen darüber, wie die natürliche Emotionalität mit einem ausgewogenen Umgang mit sich selbst und anderen in Übereinstimmung zu bringen ist, als vielmehr darüber, wie man eine rein spirituelle Hingabe auf Gott ausrichtet. Dabei erkennt insbesondere Thomas von Aquin durchaus an, dass auch die natürlichen Emotionen einen positiven Beitrag für das Leben der Menschen untereinander leisten.

In der cartesischen Tradition werden Emotionen und Gefühle als unklare Repräsentationen verstanden, die nichts zu dem Methodenideal der Klarheit und Gewissheit beitragen. René Descartes (1596–1650) spricht Emotionen, insofern sie etwas repräsentieren, aber durchaus eine kognitive Funktion zu. Anders Immanuel Kant (1724–1804), der in ihnen lediglich eine Krankheit sieht, die zu einer Verwirrung des Geistes führt.

In der angelsächsischen Tradition der moral-sense-Philosophie (Anthony Shaftesbury [1671–1713], Francis Hutcheson [1694–1747], David Hume [1711–1776]) kam ihnen als moralischen Gefühlen, die die Moral begründen, hingegen wiederum eine positive Funktion zu. In diesem Sinne verstand auch Rousseau (1712–1778) Mitleid als moralbegründend.

19./20. Jahrhundert

Für Arthur Schopenhauer (1788–1860) und Max Scheler (1874–1928) sind Gefühle wieder zentral für Ethik und Moral. Bei Philosophen wie Sören Kierkegaard (1813–1855), Martin Heidegger (1889–1976) und Jean-Paul Sartre (1905–1980) stehen bestimmte Gefühle im Mittelpunkt ihrer Existenzphilosophie. Bei Kierkegaard sind dies Angst und Verzweiflung, bei Heidegger Angst und Langeweile, bei Sartre Angst und Ekel. In diesen Entwürfen haben bestimme Emotionen eine sinnerschließende Funktion für das menschliche Leben.

20. Jahrhundert/Gegenwart

Angelsächsische Autoren, die in der Tradition der analytischen Philosophie stehen, haben sich in den letzten fünfzehn Jahren in mehreren Hinsichten Emotionen und Gefühlen zugewendet. Zu nennen sind hierbei insbesondere Autoren wie Harry Frankfurt, Bernard Williams (1929–2003), Peter F. Strawson (1919–2006) oder Martha Nussbaum, die sich im Rahmen der Ethik und Moral mit Gefühlen und Emotionen befasst haben, aber auch Autoren wie Ronald de Sousa, der als einer der Ersten die Frage der Rationalität mit der Funktion, die Emotionen für sie leisten, verbunden hat. Schließlich sind verschiedene Autoren aus der Philosophie des Geistes wie etwa Michael Tye und Fred Dretske in ihren neueren Arbeiten auf Emotionen eingegangen. Die Literatur zur Philosophie der Gefühle hat mittlerweile einen beträchtlichen Umfang angenommen.

In der Reihe bereits erschienen

Dirk Baecker
Kommunikation
ISBN 978-3-15-020119-0

Hauke Brunkhorst
Habermas
ISBN 978-3-15-020309-5

Wolfgang Detel
Aristoteles
ISBN 978-3-15-020314-9

Eva-Maria Engelen
Descartes
ISBN 978-3-15-020123-7

Eva-Maria Engelen
Gefühle
ISBN 978-3-15-020316-3

Andreas Gelhard
Levinas
ISBN 978-3-15-020300-2

Heiner Hastedt
Sartre
ISBN 978-3-15-020120-6

Detlef Horster
Sozialphilosophie
ISBN 978-3-15-020118-3

Beatrix Himmelmann
Nietzsche
ISBN 978-3-15-020305-7

Reinhard Mehring
Politische Philosophie
ISBN 978-3-15-020121-3

Richard Purkarthofer
Kierkegaard
ISBN 978-3-15-020302-6

Johannes Rohbeck
Marx
ISBN 978-3-15-020308-8

Gunzelin Schmid Noerr
Geschichte der Ethik
ISBN 978-3-15-020304-0

Herbert Schnädelbach
Kant
ISBN 978-3-15-020124-4

Herbert Schnädelbach
Vernunft
ISBN 978-3-15-020317-0

Therese Frey Steffen
Gender
ISBN 978-3-15-020307-1

Martin Stingelin
Deleuze
ISBN 978-3-15-020306-4

Dieter Sturma
Philosophie des Geistes
ISBN 978-3-15-020122-0

Udo Tietz
Heidegger
ISBN 978-3-15-020117-6

Annette Vowinckel
Arendt
ISBN 978-3-15-020303-3

Philipp Reclam jun. Stuttgart